無人化と労働の未来

ARBEITSFREI

Eine Entdeckungsreise zu den Maschinen, die uns ersetzen

無人化と労働の未来

インダストリー4.0の現場を行く

コンスタンツェ・クルツ／フランク・リーガー

木本 栄 訳

岩波書店

ARBEITSFREI
Eine Entdeckungsreise zu den Maschinen, die uns ersetzen
by Constanze Kurz and Frank Rieger

First published 2013 by Riemann Verlag, München,
a division of Verlagsgruppe Random House GmbH, München, Germany.
This Japanese edition published 2018
by Iwanami Shoten, Publishers, Tokyo
by arrangement with Verlagsgruppe Random House GmbH, München, Germany
through Meike Marx Literary Agency, Japan.

目　次

プロローグ——日本語版の読者へ

現在進行形の技術変革

機械が私たちの暮らしに不可欠となってから久しい。人類は、風や水の動きから得るエネルギーを利用する力と知恵を何千年も前から有し、生活をより楽にし、労働の生産性を高めることに役立ててきた。より優れた、よりスピーディな、よりパワフルな機械や自動装置が、人間の力を何倍にもしてくれる。そしてコンピュータ時代の幕開け以来、人間の知力さえも増強できるようになり、機械が情報を処理したり、システムを構築したりするようになったわけだが、その複雑さはヒトの脳が把握できる容量をはるかに越えるようになった。

テクノロジーが進化を遂げるたびに、それは社会の構造、人々の暮らし、労働市場や景気に影響し、ときには直接的に関与した。新しい技術が世に浸透していく過程では往々にして劇的な変化が引き起こされ、少なからずの苦難、不公平さと力関係のシフトのみならず、新しい豊かさ、人々の生活における迅速化と労力の軽減も同時にもたらされた。

それまで定着していた生活や仕事の様式が数年で廃れたり、人々が長年かけて培った技術や知識が一気に価値を失ったりすることもあった。歴史的な技術革命が社会に与えたインパクトの度合い、またその影響の表れは、とくにその技術が普及した速さと、直接的、間接的に影響を受ける人の数によるところが大きい。

新しい技術が最初に大きな規模で広まった国として挙げられる英国では、蒸気機関や紡績機の急速な普及が、数十年にもわたって世界的な経済的優位性をもたらし、それを基盤に帝国が築かれたといえる。だがその代償として、不公平感が蔓延《まんえん》し、経済的・社会的な格差の広がりによって抵抗運動が頻発する社会が生まれた。新しい富と、自動化による恩恵を得たのは全体のごくわずかな一部に過ぎなかったからである。

そして、いまの時代に問われているのは、デジタル化とインターネット化、大規模な自動化とますます知能が発達するアルゴリズムによって進行中の技術変革に、私たちがどのように向き合っていくかということだろう。これまで見てきた歴史の歩みが示すように、世の中の仕組みは、技術変革の速度や規模と相まって、社会的な補正作用と勢力の均衡化が調和と公平さを保ちつつ進むようにはできていないからである。

一九世紀前半から産業革命の幕が開け、多くの新しい機械が登場した。とくに繊維産業や農業分野での労働は大幅に軽減され、スピード化も進んだ。織り機や紡績機が導入されたことで、専門技術をもった熟練の織り工や紡ぎ手たちは数年のうちに必要とされなくなってしまった。操作を簡単に覚えられる新しい機械をつかえば、技術のない労働者でも、同じ作業をこなせるようになったからである。

ヨーロッパにおける機械破壊運動の代名詞となったラッダイト運動やいわゆるスイング暴徒は、新しい機械を破壊することで抗議したが、問題の根本は経済構造の歪みにあった。しかもその構造を法の制定によって固定化する――たとえば、それまでは土地を持たない者が生活の糧を得るために利用することが許されていた公有地までも私有地化するなど――ことで、ただでさえ裕福だった層にますます経済的な力を与えることになった。こうした法律制定の背景には、新しく手にした機械の力を最大限に活用し、利益をさらに増やすために、なるべく多くの土地を富裕層のわずかな人々の手に集中化させようとする国の狙いがあった。技術の進歩、豊かさと社会構造の密接な関係がここにも表れているように、これらを切り離して考えることはできない。

コットンジンの発明がもたらしたもの

新しい技術が社会に与える影響がいかに逆説的で、予想のつかない連鎖を生むかは、一七九三年に発明され、その後広く普及した「コットンジン」という綿繰《わたく》り機の例がよく示している。いまから見れば比較的単純なメカニズムの機械の出現により、米国南部における黒人奴隷の数はかえって飛躍的に膨れ上がったのである。それまでは、綿の種子を取り除くのは非常に労力のかかる面倒な手作業で、一人の奴隷が一日一〇時間かけても、得られるのはようやく五〇〇グラム程度の綿でしかなかったのが、細かい金属の歯がついた綿繰り機をつかえば、その二五倍もの処理量を可能にした。コットンジンの発明以前、奴隷の数は経済的理由から減少傾向にあった。というのも、タバコ栽培などを手がける平均的な農場では奴隷の労働による生産性が低く、奴隷を養うコストも差し引くと割に合わず、むしろ労働意欲の高い労働者を外部から雇ったほうが多く生産できたからである。しかし綿繰り機の導入により、それまで労働量のわりには利益率が低かった綿花栽培が、奴隷に働かせることで、急に実入りのいい商売となったのである。

繊維が安価で大量に生産できるようになると、とくに英国の繊維産業は紡績機のおかげで多大な利益を上げるようになった。だが、これに先立ち、繊維の生産における各工程の分業化や、原料である綿を調達するための輸送も効率化がすでに進んでいた。紡績の工程では、水車を動力とする水紡機(Water Frame)や、一七七〇年に特許を取得した、同時に複数の糸を紡げるジェニー紡績機(Spinning Jenny)などの導入で生産速度と効率がめざましく向上した。従来は手作業だった工程が、機械化により速度も品質も手作業をはるかに上回るようになり、それに伴い綿の需要は飛躍的に伸びた。かくして米国南部の農場主たちは、綿花栽培の生産量を何倍にも増やすために広大な農地を新たに開拓し、農作業に必要な奴隷の数も一気に膨れあがったのである。

綿栽培はたいへんな労力がかかるものの、単調で頭脳労働を必要としないため、当時の価値観では奴隷労働に適していた。それまでは奴隷労働がけっして一般的ではなかった米国のほかの州でも黒人奴隷を働かせるようになり、アフリカから連れてこられる奴隷の数は年々増えていった。コットンジンの発明と普及こそ、南北戦争の発端であると唱える歴史学者もいるほどだ。また、これほどの規模でないにしても、類似する現象は歴史上何度も繰り返されてきており、技術革新が以前はなかった市場と需要を創出し、相応に労働力の需要を生んできた。しかしながらコットンジンの登場が引き起こした連鎖、それに紡績工や農夫たちによる抵抗運動の発生は、その問題点も浮き彫りにしている。すなわち、社会を支配する従来の力関係や因習が、そうした技術革新によって生まれる新たな市場の成り行きを左右する、ということである。

インダストリー4・0――四度目の転換期

その後、ありとあらゆる機械が広く使われるようになり、ここ三〇年の間には製造業におけるロボット化が進むにつれて、製造プロセスはいっそう加速した。ただ、これまでのロボットは通常、自律的に動きまわることはできず、見る、触る、匂いを嗅ぐ、聞くなどの認識感覚をもたず、自分の現在地や方向性を確認できる能力はなかった。なかには言葉を発するタイプもあったが、人間のいうことに反応して意味のあるコミュニケーションが成立するようなレベルではなかった。ところが、演算能力が飛躍的に上がり、新しいセンサー、精密なアルゴリズムとプログラム技術、迅速な画像処理、円滑なネットワーク連携、そしてデジタル化が生む膨大なデータを利用できるようになったことで状況は一変した。センサーを搭載した賢いロボットたちは、わざわざロボット仕様に作動環境を整備しなくても、自ら環境に合わせて働けるようになったからだ。こうして機械たちは人間の同僚となり、同時に競争相手にもなったのである。

世界経済フォーラムが二〇一六年に発表した報告では、人工知能を持つ機械とあらゆる生活分野をデジタル化することで創出される新しいマーケットは、この先一〇年で一〇〇兆ドルを超える規模になると予測されている。ドイツでは「インダストリー4・0」(Industrie 4.0)というプロジェクトのもと、ソフトウエア、ロボットとネットワーク化による製造現場での変革を推し進めていく方針を打ち出している。

インダストリー4・0は、これまで経てきた産業革命の流れをくみ、第四次となるべき転換期を言い表すネーミングといえよう。その取り組みの中心に据えられているのは、すべての機械、センサー、ロボットや倉庫管理システムが人工知能と連携するネットワーク化だが、その全体像の輪郭はあいまいだ。これには、ナノテクノロジーや3Dプリントの技術イノベーションも含まれる。環境を認識し、それに合わせて機能する「スマート」なシステムは、日常生活や製造業に浸透するだけにとどまらず、いずれは産業界全体も司るようになるだろう。

目指すのは、生産プロセスを可能な限りデジタル化して自動化し、その計画・実行・調整のために従来人間が駆使してきた能力、経験や知識を機械で代替することだ。それは単にコスト削減につながるだけではなく、柔軟性を高め、個々の製品を効率良く、自動的に作る可能性を生むことでもある。現在の自動化の波がどこまでそれを達成できるかは未知数だが、技術的なハードルを乗り越えることはけっして不可能ではない。

「職の消滅にはつながらない」は本当か?

こうした流れの社会的、経済的リスクを挙げるとすれば、ビジネスのプロセスがいったんデジタル化されてしまうと、必然的にIT界の変革のスピードに巻き込まれてしまうという点だろう。新しい方式、人工知能の新しい利用法やビジネスモデルは、おそらく従来とは異なるネットワーク効果と相乗効果をもたらし、とくにインダストリー4・0が取り組む分野では、数年以内にも特定の職種を消滅させてしまうかもしれないのである。かつて、印刷業界において植字工たちがその運命をたどったのと同様に。

生産プロセスといってもそれは製造業だけに限らず、インフラストラクチャー、通信、金融、情報、エネルギーやサービス業界などもおのずと無関係ではいられない。インダストリー4・0や「モノのインターネット」(IoT: Internet of Things)推進派は、まるで呪文のように、職の大規模な消滅にはつながらないと唱えるが、説得力に乏しい。実のところ、あくまでも希望的観測として、失業する羽目になる機械オペレーターや製造プランナーたちがふたたびべつな雇用口を得られるよう、新たなビジネス分野や仕事が十分に創出されることを期待しているに過ぎないのである。

世界経済フォーラムの二〇一六年の報告はしたがって、インダストリー4・0が労働者や会社員を九時五時勤務のサイクルから解放し、新たな展望を開くプラス面のみをもたらすわけではないことにも言及している。代償として大規模な職の代替の波が押し寄せることも予想され、それによって職を失う人々の受け皿を用意するには政治が対処する以外に道はないだろう。

私たちは、コンピュータ計算に支えられた自動化とロボット化による次なる加速化への道をすでに歩み始めているのであり、それはいずれ人間の能力の中枢部分にまで及ぶだろう。研究室、実験室でいままで何年間も日の目を見なかった様々な研究成果が実用化され、日常で使われるようになる。サイエンスフィクション的ではない、機械的な知能はほんの小さなパーツから構成されるもので、一つひとつの働きは「単純」ではあっても、人間の頭脳を超える効率と速度で機能し、生活の中で役に立つようになるだろう。そして、人々の暮らしや仕事のなかでデジタル化され、ネットワークで連携し、その際に生成される膨大なデータ量がアルゴリズムやテクノロジーによって、研究室では思ってもみなかった実用化のかたちに生まれ変わるのである。

人間の仕事を代わりにやってくれる機械のイメージは古くからあり、ネガティブな影響と結びつけられがちでありながらも、楽観的な未来像も描かれてきた。今度の技術革新の波はどのような作用を及ぼすだろう？　私たちは、それに対しどのように向き合っていくのだろう？　技術革新が引き金となって、急激に大規模な失業の波が押し寄せるだろうか？　人間による労働の割合がどんどん縮小していくなら、将来的にはどのような職ならば失われる心配はないのだろうか？将来は職業をまったく違う新しい尺度ではかるようになるのだろうか？

こうした疑問への答えを探り、今後の展開を予想するためには、近い過去に起こった例に注目するとヒントを得られやすいといえる。そこで、ここ数十年の間に他の多くの分野と同じように合理化と自動化が進んだ例の一つとして、食品業界における変革を取り上げたい。本書の第Ⅰ部は、なかでもドイツの主食である「パン」をキーワードに掲げ、パンづくりの過程においてかつては人間がこなしていた労働を、どの機械がどんなふうに代替しているのか、読者を実際の生産現場へと案内する旅となる。

機械が働く現場へ

一九世紀の初頭、一頭の馬と鋤《すき》をもった農夫が養えるのはせいぜい四、五人だったが、現在では機械化とますます賢くなった農機のおかげで何百人も養えるようになった。ドイツでは一五〇年前まで大人の人口の半分以上と、決して少なくない割合の子供が農家、製粉所やパン屋で働いていた。だが二〇世紀を迎える頃には農業に従事する人の数は、手工業や工場で働く人々の割合に比べて少なくなっていた。

それから一〇〇年経った現在、ドイツはその生産量と輸出量から見てもいまだに「農業国」であるにもかかわらず、農業を営む人口の割合は全体の五パーセントにも満たない。農業がこれほど大きな移り変わりを遂げたように、今後はほかにも多くの分野や職種で同様に大規模な変革が起きるだけでなく、そのスピードもインパクトもおそらくもっと激しいものになるだろうと予想されている。本書のなかで訪れることになる、機械が働く現場への旅の目的は明確だ。どこで、どのようにそうした変革が起き、それが未来に何をもたらすかを見極めることである。

ただし、密接につながりあい、グローバル化された世界とそれに伴う技術的、経済的な相関性や依存関係、その倫理的な問題点や経済的な矛盾のすべてをひっくるめて深く掘り下げると、とても本書には収まりきらない。したがって、ある程度限定してスポットライトをあてることで、全体のメカニズムや規則性を浮き彫りにし、今後の予想図を導き出していきたい。

また、大局的な視点を見失わないように、省かざるを得ない側面や、表面的にしか触れられない事柄もあるだろう。農産物の大規模生産方式に関する倫理的な問題や、食料品スキャンダル、グローバル化による社会的不条理などについては、それだけでも何巻も書けてしまうほどのテーマだ。したがって、本書ではそれらには深入りせず、その代わりにあくまでも機械が働く現場をじっくりと観察し、そこから得られる全体のメカニズムに焦点を絞ることにしたい。

世界が実際にどのように機能しているのかという好奇心、そして現に歯車同士がどのようにかみ合っているのか理解したいという思いが、本書を書き進めていく上での原動力となった。現在の世界から知見を得てこそ、未来を見据えられるようになるのではないか、と。医師が治療を施す前に患者を診察し、エンジニアが改造する機械の仕組みをまずは理解し、ハッカーが侵入する前に技術システムを分析するのと同じように、私たちもまずは機械が動いている現場を訪れて実情を把握し、それから今後待ち受けている変化を頭に描き、その上で未来に備えたいものだ。

たとえば、ドイツ人の主食であるパンをつくるための小麦の栽培と収穫、製粉、そしてパン屋の生産現場はもはや私たちが思い浮かべるようなイメージから、かなりかけ離れている。農場や製粉場、生産工場や研究機関の技術のレベルは一般に考えられているよりもはるかに進んでいることが多いのである。そして、私たちが満腹になるための食料生産に直接的・間接的に関わっている人の数は、想像よりもはるかに少ない。

そこで、機械たちが働く現場への旅の手始めとして、農業の世界を訪れよう。穀物を栽培し、収穫する農場、かつて畑仕事で必要とされた労働量を何分の一にも縮小してしまうほどの性能を持つ農機を製造する工場。つづいて、水力や風力を生かした機械の象徴でもあった水車や風車の現代版となる製粉場。そこで作動している製粉機を製造している工場も訪れる。穀物農場、製粉場や工場から出荷される生産物の物流と運送の仕組みにも注目したい。商品やモノの流れを可能にする輸送と倉庫管理、それに販売現場でも働く人の数は着実に減っている。そして、第Ⅰ部の締めくくりとして、実際にパンを焼きあげる場所であるパン屋およびパン工場で、パンづくりの自動生産ラインを見学する。

本書の第Ⅱ部では、視点を未来に向ける。製造会社、自動運転車、知能と柔軟性を確実に高めていくロボットたちや、私たちの労働を代わりに引き受けてくれる「親切」な機械たちについて考えたい。また、人間の存在意義にさえも疑問を投げかける、頭脳労働の自動化についても取り上げる。

これらすべての訪問先には、それぞれ非常に異なるストーリーがあり、発見があり、それらを通して将来的にはどのような環境のなかで人間が働き、暮らすのかが垣間見えてくる。ここ二、三十年の間に、製品の生産現場における人間の肉体労働が占める割合が急速に縮小し、人間のほうが機械やコンピュータの導入に合わせて仕事の方式を切り替えたことも、驚くべき規模で進んだといえるだろう。またそのいくつかの変化によって業界全体が遂げた変貌の経過も驚くべき早さだったといえる。そしてその変化が引き起こした作用はたいていの場合、公正とも公平とも呼べるものではない。というのは、かつては技量が求められ、やりがいのあった職が、新しく低賃金労働で代替されるようになるからである。機械が必要とするものを補充し、その機械のペースに合わせて働き、機械がまだ安価に行なうことのできない残りの仕事だけを人間がこなす、という状況は二〇〇年近く前にラッダイト運動が激化した時代とそう変わらないのではないだろうか。人間が仕事における自律性とやりがいを失うというシナリオである。

だが、労働の未来は必ずしも反ユートピアであるとは限らない。スタニスワフ・レム［Stanisław Lem 一九二一―二〇〇六年、ポーランドの小説家、SF作家、思想家］は、どんな仕事でも、機械が処理できるなら機械が行なうべきであると述べている。人間がそれらの労働から解放され、代わりにもっと興味深く、創造的な仕事に取り組めるようになるからである、と。そして実際に多くの場所で、社会的・福祉的な枠組みさえ整っていれば、それが現実となっている。

人と機械との新たな協働と共存は実り多く、仕事を楽で簡単にしてくれる分、人間の知性が新しい課題に取り組めるよう、解放してくれる。単調で危険な、知能をあまり必要としない労働の代わりに、人はもっとやりがいがあり、有意義で、責任もより大きな仕事に取り組める。そのようにポジティブな意味で、公正なかたちで機械が人間の労働を代替するためにはどのような条件が整っていなければならないのか、考察することが本書における旅の締めくくりとなる。これから迎える変革と、とくにそれに伴う経済的・社会的作用を良い方向へと導き、機械と敵対するのではなく、機械と協働できる社会を果たして実現できるだろうか。この大きな問いかけに対する答えを私たちは見つけなければならない。

I 畑からパンになるまで
——生産現場をめぐる旅

第1章
農家と農作業
――その現在

極限まで減った働き手

ドイツには長い歴史をもつ農家が多い。農家の家屋自体が築数十年というのは珍しくなく、数世紀前に建てられたものさえ存在する。丹精な補修がなされ、現在もなお多くが現役で使用されている木骨組みの家畜小屋は、その農場を営んできた一族が先祖代々にわたり何百年も前からそこで暮らしてきただけでなく、絶えず労を注いできた証といえるだろう。たいていは自分たちの耕す農地に囲まれているドイツの農家だが、その耕地面積は通常、メクレンブルク地方の農耕大草原〔旧東独の社会主義的農業生産方式から生まれた広大な耕地の名残〕ほどには大規模ではない。並木道や散歩道が田園を区切り、畑や草原、森が代わる代わる景色の変化を彩る。張り巡らされた排水網は、昔からこの土地を人間が支配してきたことを物語る。

ドイツのいまどきの中規模の農家といえば一〇〇ヘクタール程度。栽培されるのは通常、三種類あるいはそれよりも多い種類の農作物だ。ここで紹介する典型的な中規模農家では、小麦、トウモロコシとマスタード〔種〕を栽培している。この農家は以前、規模がもう少し小さかったが、当時は畑を耕していただけでなく、牛舎もあった。一九三〇年代に迎えた最盛期には五〇人近くがここで働いていたそうだ。といっても、全員が農作業をしていたわけではない。五〇人もの働き手がいれば、その人数分の料理、洗濯をし、衣服も繕わなければならない。日が昇ってから沈むまで、一〇〇ヘクタールの農場では毎日、それだけの労働者がフルに働いていたのである。

一昔前まで、家畜に水をやるだけの仕事でも二人の人手を必要とした。というのも、水を井戸から桶で汲《く》み上げ、あるいは多少進歩して手動ポンプで汲水《きゅうすい》できるようになってからも、その水を家畜小屋まで運ばなくてはならない重労働だったからだ。だが、この仕事は比較的単純な機械に取って代わられた。原動機付きのポンプのおかげで、ボタン一つで給水できるようになったのだ。畑でも同様に、次々と押し寄せる技術発展の波に伴い、必要とされる労働者の数は減っていった。

農作業といえば、数世紀にわたり、鋤を持った農夫が牛あるいは馬の力を借りて畑を耕すのが一般的だった。タフな農夫と、力のある馬なら朝から昼までの間に、四分の一ヘクタールの土地を耕すことができた。その基準を目安に、相応の面積を「モルゲン」〔ドイツ語で「朝」を意味する〕という単位で呼ぶようになった。一〇〇ヘクタールといえば四〇〇モルゲンに匹敵するのだから、その広大な面積を耕すのにいかに多くの働き手と馬を要したかがわかるだろう。

農作物の栽培は、なによりも的確なタイミングを見極めることにその出来がかかっているといっていい。正しい時期に土を耕し、肥料をやり、種をまいて収穫することが、成功の鍵となる。これはつまり、ちょうどよい時期に種をまくだけでなく、収穫を可能なかぎり迅速に行なわなければならないことを意味する。機械化が進む以前は農夫一人あたりの耕作面積が限られていたため、収穫期には穀物やジャガイモをなるべく早く取り入れるために、臨時の人手が雇われた。

農業における飛躍的な機械化の波は第二次大戦後に押し寄せた。すでに二〇世紀初頭から、収穫後の藁《わら》を束ねる作業を部分的に自動化したり、播種《はしゅ》（種まき）を容易にしたりするなど、ある程度の機械が導入されてはいたのだが、目覚ましい近代化が進んだのは戦後になってからだ。その要因は二つ挙げられるが、一つは、農作業の担い手だった労働者の多くが戦死したり、捕虜になったりなどして、故郷に戻らなかったことにより、人手不足が生じたこと。もう一つは、戦時中に、単純な作りではあるが頑丈でどこでも走れる自動車の量産体制ができあがっていたことだ。

これらの工場は終戦とともに驚異的な速さで生産体制を整え直し、食糧不足を解消するべくトラクターや農業機械へと製造を切り替えた。切迫した人手不足と、新しい農業技術製品の低価格化が相まって、農業従事者数は大幅に縮小した。すでに五〇年代の半ば頃には中規模の農家でも、わずか一〇人足らずで農作業をこなせるようになっていた。これに伴い、農家での社会構造も変わった。少人数のためにわざわざ料理や針仕事をする人を雇う必要はもはやない。以前は衣食住が労働の対価に含まれているのは当たり前だったが、次第に手当として支給されるようになり、働き手たちは自力でそれらを確保しなければならなくなった。

技術の発展に伴う労働力の削減だけでなく、農作物市場の構造も変革を遂げた。いまでは合理的で魅力的な農業システムが機能している。筆者たちが訪れた中規模の農場では、全体面積の三分の一で飼料《しりょう》用の麦を栽培し、そこで収穫した麦を九つの新しく大きな鶏舎《けいしゃ》で平飼いされている四万五〇〇〇羽のニワトリに与えている。さらに、もう三分の一の面積を占める畑ではトウモロコシを栽培している。このトウモロコシは、ニワトリの糞と近隣の農場の家畜小屋から出る牛糞とともにバイオガス発電設備に利用し、その電力で家畜小屋を暖房し、さらに余分電力を売電用として送電網に流し込む。トウモロコシと家畜の糞を発酵させ、そのエネルギーをバイオガス設備に利用した後のものは、ちょうど肥料に適しており、ふたたび畑で利用される。残りの三分の一の畑には、そのときの農産物市場で収益性が高いと見込まれる作物、あるいは土壌の養分を回復させるために必要な作物を植える。マスタード種、豆類(豆果)、ルピナス(ハウチワマメ)やパン小麦など。したがってこの農家では人工肥料を外部から購入する必要はなく、種と農薬を買い入れるのみで済む。

さて、この農家が何人の働き手を必要とするかとの問いへの返答には驚かされる。作物栽培、養鶏とバイオガス発電の三つが巧妙に組み合わさったシステムはほぼ自動化されているため、通常業務ならフルタイムの働き手一人と、近隣の農家からの手助けとして半人分の労働力、つまりパートタイムの働き手を雇い、合計一・五人分の労働力のみで、たいていのルーチンワークをまかなえるという。近代の強力なトラクターなら、かつて馬を使って耕すのにかかった同じ時間内に、その四〇倍もの耕地面積を耕せるそうだ。加えて、いまのトラクターはコンビマシンを連結しているため、播種と鍬《くわ》入れといった複数の工程を一息にやりおおせてしまう。

いまどきの農家は畑の三分の一に慣れた品種の作物の作付けをやり終えるのに、三日もあれば十分だという。バイオガス発電設備は朝、細かく刻んだトウモロコシと家畜の糞尿を投入すれば、あとはすべて自動化されているため、数週間おきにメンテナンスする以外は手間がかからない。

ニワトリの一生

鶏舎も肥育期間中、完全に自動的に機能する。餌は飼料タンクから自動の搬送コンベアに載って鶏舎に届き、そこでニワトリたちに行き渡る。穀物の正しい配合、ミネラルやプロテイン（タンパク質）の混入は、制御システムが自動で行なう。

どの鶏舎にも制御コンピュータがついており、気温と湿度を常時チェックし、飼料の成分配合や、ワクチンとビタミンを添加した給水用の水、その他肥育に必要なパラメータをコントロールする。鶏舎の脇に設置された画面には、その鶏舎のニワトリの平均重量がコア数値として太字で表示される。

鶏舎内には、至るところに数十の小さなプラットフォームがあり、好奇心旺盛なニワトリたちはしょっちゅうそこに飛び乗って遊ぶ。実はこれがニワトリの遊び道具である傍ら、計量装置の役割を果たす。このように組み込まれた秤が、ニワトリの重さを測定し、制御コンピュータが毎日何百と得る計量結果からおよそ五〇〇〇羽のニワトリたちの平均重量を算出するのである。

抑え気味の声で鳴く、何千羽もの若鶏たちで埋め尽くされた巨大なホールを見渡すとき、異様な感覚にとらわれる。鶏舎の中は適度に暖かいものの、独特の強烈な匂いが支配し何時間かたったあとまで鼻についてまわる。精密に調整された照明システムが作動し、最適な光線管理を行なう。この照明設備は、ニワトリが通常のチカチカする蛍光管を嫌うため、フリッカーフリー（チカチカ明滅しない）のタイプのものを使用している。

平飼いされているニワトリの一生のサイクルは明確に定められている。およそ三〇日後には十分な重量に育ち、基準値を満たすローストチキンになるべく、三分の一は食肉処理施設へいく。残りの三分の二はさらに二週間ほど鶏舎で肥育されてから、胸肉や鶏の脚、スープの具などの食肉製品に加工される。肥育期間が短い主な理由として、ニワトリはおよそ二五日で性成熟し、それから交尾行動や縄張り行動が始まるため、鶏舎に大変な騒ぎを引き起こしてしまうことが挙げられる。

ニワトリのための水は、常用の水道管とは別に設けられた給水システムで人手を煩わせることなく二つの井戸からポンプで自動的に鶏舎へ供給される。だが、この些細な事実が、コンピュータ制御された総合システムで生き物を管理する際のウィークポイントとなり得る。つまり、いったん水の供給が止まるような事態になった場合、ほんの数時間で四万五〇〇〇羽のニワトリが渇死してしまうのだ。同様のことが鶏舎の暖房、もしくは夏場の冷房設備にもいえる。自動システム上の問題を解決するまで、あるいは取り除くまでに、わずか数時間の猶予しかない。

鶏舎の管理にあたる人が、管理システムの制御に関わるすべてに細心の注意を払い、つねに神経を尖らせているのは、このリスクを十分に承知しているからである。定期的にニワトリの様子を見に行くだけでなく、制御コンピュータからモバイル端末に異常な測定値や不具合が知らされたら、即座に対応することが求められる。もしコアシステムの一つでも、つまりバイオガス設備、家畜舎がなんらかの異常を通知してきたら、夜中であろうと週末であろうと迅速に対処しなければならない。

ピクセル化された畑

養鶏と同様、農作物の栽培における業務もやはり大半が自動化されている。トラクターは衛星とつながった位置確認装置を搭載しているだけでなく、どの耕地にもいわゆるフィールドレコードと呼ばれる耕作地の属性や作業の記録データがあり、その土地の特徴を読み取ることができる。土壌の性質など、収穫の際にコンバインハーベスターやそのほかの収穫機についているGPS（全地球測位システム）を通してインプットされた詳細情報は、種、肥料や農薬の必要量を的確に算出するために役立つ。

具体的には、畑全体が数平方メートルごとに縮小されピクセル化していると考えればわかりやすいだろう。このピクセルの一つひとつに対し、播種、施肥《せひ》（肥料の散布）、農薬散布や灌水《かんすい》と収穫が行なわれるたびにデータに反映されるので、デジタル化された畑を写した情報の精度は継続的に向上することになる。農機が保持しているデータやセンサーから、収穫を最大限にするためには、該当する耕地にどれくらいの分量の肥料、農薬そして種を撒《ま》くのが適正なのかを算出できる。その計算に従い、トラクターはほぼ自動的に走行しながら農作業を行なう。トラクターの運転手の仕事といえば、複雑なテクノロジーが順調に機能するように見張り、自動装置に不具合が出たらすぐに介入するか、あるいは想定外に人や動物が作業中の畑に現れた場合に対処することである。

中規模の農家にある農機の充実ぶりには目を見張らされる。いまどきのトラクターは、畑を広い幅で掘り起こせる鋤だけでなく、播種、施肥、砕土《さいど》、農薬散布のコンビシステムをも連結できる。かつてはこれらの異なる作業をこなすために、何度も畑の同じところに農機を走らせなければならなかったが、それが一度にできるようになっている。そして人による手作業は当然ながら、ほとんど必要とされない。

最新の技術を駆使して生産効率を向上させるために、農業従事者はなるべく常に新世代の農機を使えることが望ましい。そのため昨今では、近隣の農家同士が互いに任務を分担し、それぞれが所有する農機を用途ごとに貸し合ったり、あるいは農機ごと自ら近隣の農場に赴き、報酬と引き換えにその担当農作業を請け負ったりする、というやり方が増えている。そうすることで所有者は農機への投資の採算が早くとれるようになる上、すべての農場主が各種用途の異なる農機を一揃い所有する必要はなくなる。

職業イメージの変貌

農業従事者という職業のイメージは、ここ五〇年の間に目覚ましい変貌を遂げた。ドイツで昔から言い古されてきていながら信憑性《しんぴょうせい》はあまりなかった慣用句、「いちばん愚かな百姓がいちばん大きなジャガイモを収穫する」は、今の時代にはまったく当てはまらないといっていい。農業を営む者なら、農業技術に関する確かな知識、栽培法や農機についての最新の情報を常に仕入れ、精密な栽培計画ソフトウエアを使いこなすことはいまや不可欠であり、多様な品種によって、栽培法の特徴が微妙に異なるような細かな知識も心得ていなければならない。自動化の割合を賢く増やし、緻密なタイムマネジメントと綿密な計算をもとに、的確な投資を決断することこそが農場経営の成功の鍵であり、いわゆる「緑の指」（植物を育てる才能がある人を代名詞的に「緑の指」を持つ人、と西洋で呼ぶことから）の主になれるか否かがかかっているのである。今では当たり前となった天気予報の精密さをもとに、播種と収穫の計画を立て、近隣での害虫発生や、品種特有の病気についての情報や警告を入手したり、詳細をインターネットでリサーチしたりするのも常識だろう。

天気予報の精度は近年、かつての水準に比べると飛躍的に向上した。主な理由として、予報コンピュータとソフトウェアの演算能力がアップしたこと、リアルタイムでより多くのパラメータを処理できるようになったことが挙げられる。他方で、ローカルに設置されている多数の気象観測台へのアクセスがインターネットにより容易となり、局地的な天候不順などが予測しやすくなったことも大きい。測定箇所同士のネットワークが緊密化するほど多くのデータが入手でき、各地域の天気予報もよりいっそう精度が向上したのである。こうした精密な天気予報は有料だが、農場主にとっては利益に直接関わる情報であり、とくに収穫期の気温、湿度、風や降雨の予報を把握しておくことは不可欠だ。

近頃の穀物、牛乳や食肉に関しては小規模な農家ではなく、平均的な一族経営の農家の一〇倍から二〇倍もの大きさを誇る大規模農場での生産が増えてきている。そうした大きな農場において、技術革新が及ぼす日常業務や労働組織への影響はさらに大きいが、それに伴うリスクもまた大きい。

第2章

大規模農場にて

——技術革新の影響とリスク

酪農の機械化

中規模の農家の一〇倍もしくは二〇倍もの面積で農業を営む量産型の農場を運営するためには、現代の農業技術と農業経済学的観点がより重要な比重を占める。面積の大きさに比例して経営上大きな金額が動き、利益も損失も桁外れだ。

そうした大規模農場の耕地では、穀物と並行して家畜の餌も栽培される。様々な飼料用栽培物はそれぞれの農場独自のルール、タイミング、そして農場の家畜たちの需要に応じて調整される仕組みだ。ドイツの典型的な朝食といえばパンだけではなく、バター、チーズとクワルク（フレッシュチーズ）といった乳製品も欠かせない。そのためのミルクは乳牛が生産するのだが、いまどきの酪農は、昔ながらののどかなイメージからかけ離れているといっていい。農業のあらゆる分野がそうであるように、酪農の規模は拡大しただけでなく、一般の想像をはるかに超えるような機械化が進んでいるのである。とくに、羊、山羊と豚を飼育し、一〇〇〇ヘクタールの土地で農作物を栽培し、酪農と畜産に八〇〇頭の牛の面倒を見ているような大規模農場ではその傾向が実に顕著だ。

一昔前の農家のイメージが頭に浮かび、農場をあえて見学に訪れる気がしない人々がおそらく少なからずいる一方、大規模な農家の一般公開日は人気が高く、大勢の人が訪れる。さて、昨今の酪農や畜産の現場とはどんなものだろうか？　技術的な効率化が、穀物畑の農作業ではなく、家畜の飼育に関わるとなるとどうなるのだろう？　またどのようなルーチンワーク（日常業務）が現在、あるいは近い将来、機械による代替の対象になっているのだろうか？　そして、どこまで複雑な仕事がロボットに取って代わられるだろうか？

多くの農家にあるような、中規模の牛舎にはおよそ一〇〇頭の牛が飼育されている。牛舎はたいがい、南向きに建てられていて、長方形型の長い辺の片方と、両方の短い辺の部分が開かれている。本来なら壁があるべきところに、目の細かい格子やシェード・ブラインダーがあり、夏にはそれらが日陰をつくり、風を調整する。牛は、マイナス二〇度という気温の低さでも概ね平気でいられるが、夏の暑さ、それも二五度以上となるとこたえるらしい。乳牛にとって理想的な温度は一〇度から一四度の間だといわれるため、この開放型のつくりで風通しのいい牛舎は快適なはずだ。設置された大きな扇風機が、夏には風を送り、冷やしてくれる。

牛たちが立ったり寝転んだりする長い列の間を、専用の掃除ロボットがほとんど音も立てずに動き、通路の床板の細い隙間に入り込んだ糞や汚れを絶え間なく掃除する。この掃除ロボットは次に充電するまで一二時間以上ノンストップで作動し続けられる。障害物があると自動的に止まるが、万が一、搾乳ロボットゾーンのちょうど入り口のところで一時間も立ち止まり、牛たちの通行の妨げになってしまった場合は、牛舎の管理担当者のモバイル端末に警報が伝わる。警報通知態勢を定めた業務プランに従い、必ずだれかがその警報用のモバイル端末を見張り、トラブルの原因を把握できるようになっている。というのも、乳牛たちはさすがに目立つ色をした掃除ロボット機械を乗り越えてまで進もうとはしないため、こういう事態が起きた場合は人の手でその障害物をどけ、搾乳ロボットゾーンへの入り口を開けてやらなければならないのである。

牛舎の正面側となる、長い辺側には牛たちの餌が用意されている。サイレージ〔飼料作物をサイロなどで発酵させた家畜用飼料の一種〕や干し草と、タンパク質が豊富な植物から製造される濃厚飼料のミックスからなる餌《えさ》は牛舎の外側から運び寄せられる。また、乳牛一頭につき少なくとも一日八〇リットルは必要とされる大量の水も、機械で供給されるようになって久しい。牛舎には自動給水機も設置され、個々の牛が必要とする水量を測り、それに適応できるようになっている。

牛は一日に何時間もかけてゆっくりと規則的に、丹念に餌を食《は》む。だが、乳牛がカロリー豊富な餌をやたら欲するピークのタイミングがあるという。その欲求が起こるまでの間は、牛舎のゴム製マットの上に寝転んだり、食んだり、囲いと通路の間を自由に動き回ったりする。というのも、現代では牛舎に牛たちをつなげておく農家は少なくなったからである。酪農場によっては、マット代わりにコルク、発泡材、藁やウォーターベッド、あるいはそれらを組み合わせて牛舎の床に用いている場合もある。農業製品分野にも「商品テスト財団」〔Stiftung Warentest ドイツで著名な、消費者向けに商品をテストして評価を下す中立機関〕に相当する機関が存在し、膨大な種類の製品および技術イノベーションをある程度わかりやすく区分している。酪農家の間で「牛の快適さ」と呼ばれる、牛舎内における牛たちの欲求や要望を満たすための設備は、言葉通り乳牛たちが快適に過ごすためのものだが、そのおかげで牛たちは病気にかかりにくくなり、牛乳生産量が減る事態が生じないため結果的には収益の安定につながり、経営にとってメリットは大きい。

飼料用のサイレージ設備は、牛舎から程よい近さに設置され、比較的シンプルな作りだ。セメントで地固めしたところに二枚の壁が立ち、その間に大きなシートで覆われた植物性原料が巨大な山となって置かれている。そのような置き場には何十万ユーロ分の飼料が保管されていることが少なくなく、カバーの下で熟成した飼料が一日に数回、ちいさなホイールローダー〔主に荷役作業に用いるタイヤ走行型ショベル〕で牛舎へと運ばれる。餌を自動的に的確な位置へ運ぶロボットは、いまやおよそ一万ユーロ程度で購入できるようになった。

サイレージ化とは、あらかじめ細切りした飼料作物を乳酸発酵させることだが、長期保存を可能にするだけでなく、植物成分を分解し、家畜にとって消化しやすくする。飼料作物の山からは発酵した匂いが農場いっぱいに漂う。だがもし酸っぱい匂い、もしくは酪酸的な匂いがしたら危険信号だ。望ましくない微生物が繁殖し過ぎてしまい、消化しやすい餌どころか、家畜を病気にしてしまう。だからサイレージ設備へ運ばれてくる干し草、飼料トウモロコシ、アルファルファ(Luzerne ムラサキウマゴヤシ)と穀物は最適な状態でなければならない。飼料作物がすでに枯れかけていたり、湿気を多く含みすぎていたりするとたちまち大損害につながる。農作物の栽培はなによりもタイミングの的確さが大切だとすでに述べたが、ここでもあてはまる。また、いざという時のために、豊富な経験と生物培養に関する予備知識を得ておくことが、サイレージ化の複雑なプロセスを司るためには不可欠だ。

牛が搾乳ロボットを好む理由

ドイツでは、四〇〇万頭以上の乳牛のすべてが、ポスト・プライバシー派〔ソーシャルメディアなどの普及に伴いもはや個人情報保護は古い、という考え」の人々が羨望のまなざしをむけてしまうような徹底ぶりで監視され、データ化されている。足につけられた動作センサーが牛の一挙一動を認識し、耳についた電波チップやマークが個々を特定する。牧場に出ていれば、衛星にサポートされたシステムがその家畜の位置と動きのパターンを管理担当者のモバイル端末に表示する。ドイツ中で飼育されている合計およそ六〇万頭の肉牛たちも、春と夏には牧草地に出ているが同様にすべてが把握され、冬には牛舎で管理される。雌牛が妊娠すると、そのために作られた大きめの牛舎にはたいていモニターが設置されており、平均四〇キロほどの子牛を産むまで、常時様子を見張っている態勢だ。

酪農場で一〇年以上も前から導入されている自動搾乳ロボットでも、電波チップのおかげで一頭一頭を識別できるようになっている。牛は自分の好きなタイミングを選んで搾乳ロボットゾーンに入ることができ、ロボットはその牛の「入室」を感知する。牛が搾乳してもらうモチベーションをあげるために、ロボットには乳牛用のご褒美が用意されている。それぞれの牛の好みに合わせた濃厚飼料である。飼料のエネルギー濃度が高いほど、乳牛にとっては魅力的だ。牛が搾乳を終え、ご褒美の餌を食べ終わったあともロボットからどこうとしないときは、しばらくして担当者のモバイル端末に警報が伝わる。

搾乳ロボットがいっさい人手を煩わせることなく機能するために、開発技術者たちは乳牛を刺激するためのメカニズムを考案しなければならなかった。というのも、刺激なしでは牛は乳を出さないからである。こうして牛の乳頭のところでいくつかのブラシが回転してから、ようやくレーザー測定――機械モデルによってはカメラ測定を採用している場合もある――で自動的に搾乳器が装着されるしかけが生まれた。搾乳した乳の量と成分は乳牛の番号とともにすぐに認識されてデータが保存されるが、同時にその乳の電導率と温度など、病気を早期に発見できるクイックテストの結果も把握される。牛が病気で治療のために投薬されている間は、その乳は製品として使用できない。するとチップ情報をもとに搾乳ロボットは牛を特定し、その牛から搾乳される乳は薬や病原菌が残っているかもしれないため、のちに廃棄するべく別のタンクに貯める。

牛がいつ、どの薬を投与されたかもデータに記録され、同様にいつ、どの雄牛によって雌牛が妊娠し、いつ子牛を産み、またどれが親牛なのかもデータ化されている。飼料・栄養、重量、牛乳とその正確な成分、体の特徴や目立つ点などすべてがデータを記録するときにインプットされ、さらには搾乳ロボットや乳質コントロール、医学的な治療に関する情報も加わる。牛のジェノタイプ（遺伝子型）が判明していれば、そうしたＤＮＡ情報も追加される。与えられる飼料も、それがどこから来ていて、どんな配合か、完全に網羅して記録されており、近年飼料が有害物質で汚染されていたケースが明るみに出たことなどもあり、現在は規定やコントロールがよりいっそう緻密に行なわれるようになった。

ドイツでは、ドイツ全土にいるすべての牛が中央データバンクに登録される。牛を売却、屠畜するなどなんらかの変更があった場合、持ち主は七日以内に届け出ることが義務づけられている。

人の手を一切必要とすることなく作動する搾乳ロボットは、昨今のドイツにおける酪農用機械の新規投資の半分以上を占め、たいていの酪農家では少なくとも部分的に自動化された搾乳設備が普及している。中規模の農家では、設備の導入前と比べて必要な人手を五分の一に減らせただけでなく、肉体的な負担も軽減された。搾乳する人は、部分的に自動化された搾乳設備内で床の高さを上下調節できるようになったため、体勢的にも以前まで肩や背中に負担がかかった搾乳作業が楽になった。

四六時中作動している掃除ロボットや人による定期的な手入れにもかかわらず、だれもが想像するとおりに牛舎特有の光景と匂いがつきまとうが、搾乳設備は極めて清潔でタイル張りになっている。洗浄と滅菌は一日に何度も行なわれる。

実際のところ、多くの乳牛は人間の手による搾乳よりも、搾乳ロボットを好むようだ。というのも、人の手がいつも空いているとは限らないため、搾乳して欲しいときは列に並ばなければならず、たとえば序列の高い牛がその列にいたりすると、社会的なストレスを感じる状況になることもあるからだ。搾乳ロボットならタイミングを自由に選べ、そうしたストレスを回避することができる。

農機をめぐる複雑なビジネス

大規模な農場の場合、耕作面積が広大なだけに、播種、施肥、農薬散布などあらゆる作業を行なうタイミングこそが、乳牛にとっての搾乳のタイミングと同様、極めて重要な意味を持つ。

これはとくに、穀物の的確な収穫期をめぐるタイミングの難しさをみればよくわかる。概ね、ある地域一帯では、同じ農作物が同時期に収穫期を迎える。北ドイツ、東ドイツではほとんどの農家が、金額にして一軒家が建つほど高額なコンバインハーベスター〔刈取・脱穀・選別を一台で同時にできる農業機械。コンバインとも略される〕を所有してはいないため、年の初めに畑のヘクタール数を提示し、収穫作業を請け負う業者と契約を交わさなければならない。だが、どの農家がコンバインハーベスターを優先的に使用できるかについて、各農家と地域の請負業者との間でしょっちゅう揉める。より大規模な農場経営への拡大傾向はこれに起因する部分もあるのだ。というのは、一番大きな面積をもつ農場が、請負業者にとっては一番大きな収益をもたらすことから、契約にあたって最優先されるからだ。比較的小さな規模の農家は、請負業者側で優先順位リストが作成される際には、当然ながら下位になってしまい、下手をすると収穫期に待たされているうちに天候が崩れ、彼らが機械を使用できる頃には収穫物の品質が劣化してしまう場合もある。

農機を扱うビジネスも、この分野のほかの一切がそうであるようにやはり複雑を極める。収穫請負業者は概ね同時に農機レンタルを兼ねたディーラーであることが多く、けっして少なくない台数のコンバインハーベスターを一、二年で東欧の国々へ転売する。中古自動車ディーラーと似たような原理で機能するこの方式の利点は、収穫事業の依頼主に常に新品で磨耗していないマシンを提供でき、それが想定通りに作動し、故障や修理のための中断が少なくて済むことだ。収穫の規模次第では、収穫作業の請負事業による収益のほうが、その期間にコンバインハーベスターの使用で生じる減価償却よりもはるかに大きい。また、こうした農機の優れた処理能力のおかげで、ドイツではＧＰＳ操縦や、収穫効率向上のための新しいセンサー設備などが早く浸透する。その分、最新モデルのコンバインハーベスターを入手するための競争も激化する一方だ。

それ以外の一般的な農機、とくにトラクターは通常どの農家も所有している。ただでさえ、砕土、耕起《こうき》、播種、施肥、干し草の運搬など多くの農作業のために必要な農機をいちいち外部から借りてくるのは煩わしく、合理的ではないからだ。農機レンタル業者はそれでも、トラクターを含め、それに連結できる多様な農機をとりそろえ、農家の所有する農機が故障した場合や、広大な耕地を自前の農機だけでは処理できないときなどに、すぐに手助けできるように備えている。そうしたサービス業者や農機ディーラーは同時に修理工場をもっていることも多く、タイミング悪く農機が故障し、修理が必要なときにはその場で代車を提供する体制もできている。

農機に大きく頼る作業のアウトソーシング(外注)の傾向はますます進み、農薬やそのほかの農業用化学品の散布も、近頃では請負業者に依頼するところが増えたため、労働時間だけでなく、それほど使用頻度の多くない連結式散布機の購入費も節約できる。賢い農家では作業を外注しても、使用する散布液は自ら農業製品問屋で調達するそうだ。というのは、請負業者が必ずしも製品に見合う、適正価格を出してくるとは限らないからだ。また、安い類似品や安く上げるために薄めた液体を撒かれてしまうリスクを回避し、まさしく自分が望む散布液を使用してもらうためでもある。昔からいわれているドイツの農夫の抜け目なさは、そういうときもしっかりと威力を発揮するのである。お互いに助け合い、相互の利益になるよう協力はするが、相手が隙あらば少しでも多く儲けようとするのでは、と警戒し、可能な限り予防線を張るのである。

高精度化した天気予報

「的確なタイミング」という言葉を、農業に従事する人と話す際に何度耳にしたことだろうか。それもそのはず、天候、季節、輪作の時期、熟成度を睨《にら》みながら、正しいタイミングを見計らうことがまさに生命線だからだ。はじめに畑を耕して種をまくときから、最後に収穫するときまで。だからどの農業従事者も一種の天気予報オタクであり、読みを誤らないよう、天候の荒れや収穫に影響しそうな天候情勢の警報を発信してくれる特別な有料予報サービスを利用している。古来より、その土地特有の天候の特徴や個性に精通し、天候の移り変わりを正しく予測できることが農業を営む者にとって重要な能力だったが、それは今も変わらない。

気象上の天気予報の質と精度の向上は、収穫高を大きく左右する決して侮れない要素だ。ほんの二〇年前までは二日後までの予報といえば大雑把な見当付けに過ぎなかったものが、飛躍的に増加した気象観測台と演算能力の進化、アルゴリズムの発達とインターネットを通したデータへの直接のアクセスが可能になったことにより、予測内容、予測可能期間とそれに伴う通常天候下での計画性がめざましく向上した。とはいえ、ここでも機械がすべてを代替したかといえばそうではなく、コンピュータが弾き出す予測の解釈と判断にはまだ専門知識を持った気象予報士が欠かせない。

計算処理能力、ネットワーク化とアルゴリズムは農家に有益な情報をもたらし、それが直接的に収穫高の増加、あるいは安定を助けることになる。というのも、精度の高い気象予報のもう一つの役割は、昨今ますます頻度と激しさを増すようになった、異常気象の警報だからだ。嵐、雹《ひょう》、集中豪雨や長雨、霜や干ばつは、害虫の発生と並んで農業にとっての最大の敵となる。事前に警告を受けられれば、作物の全損を免れるために対処する余地が与えられる。

ただし、いくつもの選択肢から正しい判断を下すことは決して容易ではない。収穫を控えた頃に、短い降雨前線のあとに快晴が続く予報なら、おそらく単にやり過ごしても大丈夫だろう。最悪でも、穀物を収穫後に乾燥させる手間暇がかかり、その分収益も減るが、大惨事とまではいかない。しかし、収穫予定日の直前に、長期的な雨の予想がでた場合、まだ完全には熟成していない穀物でも早めに刈り入れてしまうほうがまだ商品として売るためには正解かもしれない。熟成前の刈り入れをすると本来の品質に達しないかもしれず、下手をすれば飼料用作物に格下げせざるを得ないかもしれないが、それでも全損を免れるからだ。だが、穀物が完全に湿ってしまい、茎が折れ、カビが生えてしまうともう救いようがなく、すべてを土に埋め返すしか残された道はない。

さて、穀物が十分に熟れた刈り入れどきに、必要なマシンを提供する農機メーカーに目を向けよう。コンバインハーベスターという、おそらく最も複雑で、かかる負荷も高い農業機械を製造する専門メーカーの数はあまり多くない。次章ではそのコンバインハーベスターの製造現場を訪ね、機械自体がいかにハイテクノロジー満載かだけではなく、製造からしてすでに最先端技術を駆使しているということを見てもらいたい。

第3章 コンバインハーベスターが生まれるところ

広大で精巧な製造ライン

ヴェストファーレン地方〔ドイツの北西中部〕ののどかな風景を見ていると、あまりにも変化に乏しく単調で、ドイツのエンジニア精神がよりによってここで大発展を遂げたのは、真に優れた製品をつくれば世界中に売れる、という思考展開で単調さから逃避できたからかもしれない――という思いさえ抱いてしまう。この地方では、ミーレ（Miele）の洗濯機やベルテルスマン（Bertelsmann）の書籍だけではなく、技術の最先端をいく農業マシンも製造されている。

クラース（Claas）社の製造工場ホールは、航空写真で見ても圧倒されるほどの規模だ。そして入り口に立つと、その実際のスケールの大きさがしばらくしてからようやくわかるという具合。縦六〇〇メートル、幅およそ二〇〇メートルの面積に数階建て分の空間を持つこの巨大な製造工場では、コンバインハーベスターが作られている。いまどきのハイブリッドカーが昔の辻馬車とはかけ離れているのと同様に、現代の農業マシンは、大鎌《おおがま》で刈り入れをする農夫のイメージからはほど遠い。

製造施設全体が広大でどこへいくにも距離があるため、敷地内を移動するには工場の随所に備えられた数百台の自転車が活用される。工場内の自衛消防組織もやはり自転車をつかうが、消防隊カラーとして真っ赤に塗装された専用の自転車は、消火活動そのものよりもむしろ頻繁に実施される防火検査のための移動手段だ。多くの作業場では金切音が響き、火花が飛び散って焦げ臭いくらいなので、頻繁に防火検査が行なわれるのも当然だろう。火花が研磨盤から散り、灼熱の金属粉が宙を舞い、溶接ロボットの眩《まばゆ》い閃光が壁に反射する。とはいえ、低い唸《うな》り声を上げながら作業をするロボットたちは、保護カーテンや保護壁の後ろにあるため、一見してそれとはわかりにくい。

コンバインハーベスターの材料となるほとんどすべての板金が、この広大な工場ホールの周縁に配置された様々な作業場で加工される。トラックが板金の束を材料の荷下ろし用の通路に運び込むと、そこから板金が直接、コンピュータ制御されたレーザーカッター機に入れられる。保護壁に囲まれた大きな作業台の上では、息を呑むスピードで機械の切断ヘッドが動く。高さ三・五メートル、直径一・三メートルほどの円柱形の機械から出射されるレーザーがそのヘッドを通して板金に導かれる。収束された強力な光のエネルギーが、数ミリの厚さの鉄鋼製の板金をいとも簡単に、極めて精巧に切り分けてしまう。

レーザーが板金を切るラインは、衣服の裁断パターンによく似ている。ただしここではズボンの脚や袖ができるのではなく、脱穀設備、切削ツールや車体用の正確に成形された各々の材料パーツが、コンピュータの設計データからつくられ、それをもとにレーザーの動きを命令しているのである。衣服を作る際に、生地を最大限に使えるような裁断が求められるのと同様に、板金もやはりほぼすべてが使い尽くされ、最後にはごくわずかな鉄くずしか余らない。大きなパーツ面積のカーブや丸みをカットしたときに生じる隙間の部分も、設計データ上必要な、さらに小さくカットするパーツに利用される。

こうしたレーザーカット用の大きな二つの作業台で働くのは作業員一名のみ。この加工工程が完了すると、作業員はカットされた各板金パーツをつぎの加工段階――溶接加工ステーションでは、それらの平面ばかりの板金パーツをつなげ、立体部品に仕立てる――に進ませるよう、それぞれパレットやボックスに入れて仕分ける。カット後に余ったわずかな、身を剝《は》がれた魚の骨のような余り材料はリサイクル用の箱に入れられる。そしてすぐにまた次の板金がレーザーマシンに自動的に設置され、同じように各パーツにカットされる。コンピュータ制御で休むことなく、製造ラインが必要とする分量通りに。

すぐとなりから、なにかを折ったり叩いたりするような、リズミカルな騒音が聞こえてくる。ここは、コンピュータ制御された打ち抜き機が、無人スペースにある数メートル大の板金を加工する作業ステーションだ。この機械は実に多様な加工を施すことができる。板金を打ち抜いたり、スリットや穴を開けたり、硬さを補強する親骨や溝をつけることもできる。そのために、機械は一〇種類以上ものツールを有し、固定されるべき場所へ自動的にセットアップされる。操作の指示によって、機械は必要なツールをはめ、打ち抜きのヘッドを事前に指定してある位置へと移動させ、圧倒的な力で振り下ろす。それから半秒もしないうちに次の打ち抜きがされ、少しでも中断するのは唯一、使用中のツールを取り外し、新しく別なものをセットするときだけだ。

一連の加工工程が終わると、十数個もの吸盤がついたロボットアームが、打ち抜きを終えた板金パーツを作業台から回収する。作業台に残った半端なあまりは、リサイクル用に細かくするためにシュレッダーへとローラーが送り込む。吸盤付きロボットはその間に、加工する次の板金を作業台に載せ、また最初から加工を始める。この機械が停止するのはメンテナンス、点検と修理のとき。想定外のことが起こらない限り、打ち抜き機が人間の助けを必要とするのは、加工する板金の束を新たに補充するときや、訪れた見学者たちの質問に答えなければならないときくらいだろう。打ち抜きマシンは完全にコンピュータ化されており、いつ、どの位置を、どのツールで板金を打ち抜くかは、打ち抜きマシン用の作業命令が算出されるコンピュータ設計図が定める。

機械仕掛けの同僚

そのつぎなる加工ステップは、機械と人間が役割を分担して行なう興味深い作業だ。穀物をコンバインからトラックへとポンプで移す際に必要となる管は、固定や接続のために穴や溝をプレスし、レーザーカットするなど板金加工をしたものを機械で丸めて作る。作業員が板金を圧延機に差し込むと、丸められて筒状になるが、まだ脇が閉じられていない状態のそれを、作業員が今度は溶接マシンに差し込む。マシンは特殊な技術を駆使し、溶接箇所に凸凹の跡が生じない方式で管を完全に閉じる。たいてい、管の両端口は手作業による少々の仕上げが必要なので、手動の溶接機と研磨機が用意してある。この工程も機械がやれないことはないが、人間の手作業によるほうがこの場合は明らかにフレキシブルで速い。経験豊富な熟練作業員の目——人間には優れた視覚センサーが生まれながらにして備わっているおかげで——でチェックすれば、すぐにどのような微調整が必要かわかるからだ。

この工場の必要性に合わせて独自に設置されたべつの作業エリアでは、溶接ロボットが複雑な板金パーツの輪郭に沿って進みながら加工し、作業員が溶接の終わったパーツを外したり、つぎの板金をセットしたりする役割を負う。だが板金がセットされている間、ロボットは停止して待つのではなく、レール式の移動装置ですぐに隣の溶接作業エリアに移り、すでに作業員がセットしておいた板金の溶接加工にとりかかる。

つまり、互いに場所を交互に入れ替わって作業するので、同じときに同じ作業エリアにいることはなく、ロボットも人間も作業中はかならずお互いが保護壁あるいは柵を隔てた状態にあるということだ。こうした入れ替わり方式が、人間とロボットが協働するすべての工程エリアで実践されているのは、やはりなんといってもロボットのアームが動くスピードといい、力といい、人と接触したら非常に危険だからだ。そのために作業スペースは厳重に分かれており、さらには保護スイッチシステムで事故防止策をとっている。ロボットが作動している間に格子戸を開けると、機械は即座に停止し、作業スペース内に人が立ち入ったことを回転灯が知らせる。

クラース社の製造工場では、ほとんどの機械やロボットに名前がついていて、丁寧に手づくりされたネームプレートが各々の作業エリアにかけられている。名前をつける理由は、機械でできた「同僚」に人間味を与えるからだけでなく、そのほうがわかりやすいからだ。機械のメンテナンスや点検を担当するエンジニアが、たとえばロボットの 13B42a 号が故障したとの連絡を受けても、まずどこへいけばいいのか、必要な修理道具はどれかなど、いちいち番号を照らし合わせて調べなければならない。その代わりに「ゲルティ」〔Gerti 少し古風なドイツの典型的な女性の名前〕に問題発生ときけば、少なくとも三回目にはどこへいけばいいか、覚えてしまっているはずだ。

流れる板金パーツ

上方に目を向けると、天井のすぐ下に——大部分が建物の骨組みでかくれてはいるものの——工場ホールのもう一面の「階」が存在することがわかるだろう。ここには黄色いレールが迷路のようにはりめぐらされ、暗がりのなかをどこまでも続くかに見えるホール内を縫う。このレールからぶら下がるのは、様々な作業ステーションの間を、まるで幽霊の手でゆっくりと運ばれていくかのように移動する大小の板金パーツだ。半分できかけのコンバインの車体が、そっと滑るように人々の頭上を通り過ぎ、競泳用プールほどのサイズの洗浄設備へと向かう。パーツたちが様々な液体に浸かり、油脂や溶接の際の残りかすや付着物が取り除かれる。

この洗浄工程も全自動だ。小型自動車くらいの大きさもある金属パーツが、綿密に計算された間隔おきに、洗浄液体の入った各容器に沈められ、洗浄され、ふたたび取り出され、次の液体の入った容器に浸けられる。洗浄がすんだパーツはやはり自動的に乾燥室に送り込まれ、そのあとは外からほんの一部しかみえない製造ホールの二階へとレール搬送装置が暗がりのなかを運んでいく。作業工程を把握している者なら、その板金パーツをあとでふたたび見いだすことができるだろう。そこからは自動塗装ロボットが待機する密室の無人のホールへと運ばれる。

コンバインハーベスターの板金パーツが製造されるほとんどの作業ステーションは、広大なホールを囲むように外縁に配置されている。まず端のほうで打ち抜きと溶接加工が施され、少し中心に向かうとそこではケーブルやセンサーが人の手によって装着され、微調整がなされ、ボールベアリング(玉軸受)が組み込まれ、品質チェックが行なわれる。そして中央には組み立て用のベルトコンベアがあり、その上で何千という数の部品からコンバインハーベスターが組み立てられる。各作業ステーションはまるで魚の骨のように組み立てベルトに向かっているため、ベルトに近づくほどに各組み立て構成部分が満たされていき、複雑になり、最終的には組み立てが完成されるべく、的確なタイミングに、ベルトの適所に送られる。

コンバインハーベスターの大サイズのユニット、たとえば組み立て済みのドライバーキャビンなどは、べつの工場か部門から運び込まれる。エンジン、油圧ポンプ、レーダーは外部の下請け工場から調達している。また内部の専用サービス部門が、すべての組み立てステーションに必要なネジやナットなど細かい部品が常に十分にあるよう、補充する役割を果たす。

ほかの部分、たとえばあらかじめすべての組み立て部品が用意された油圧ポンプ用ホースの設置は、パレット上に専用設計された固定型の装置で行なわれるが、それを組み立てるべきぴったりのタイミングにそこへ運搬するのが自動運転式のロボットたちだ。このロボットたちは自動運搬システムの一部であり、床に記してあるラインに沿って移動する仕組みだが、工場内で働く人々にとって危険度が高いことは想像がつく。おそらくこの運搬作業はいずれ、もっと動きが自由で安全なロボットたちに取って代わられることだろう。このためのシステムの切り替えは、製造ラインや工場ホールにそれほど大がかりな手入れをせずとも実現可能だ。

組み立て作業用のベルトはゆっくりではあるが、容赦なく着実に進んでいく。なんらかのトラブルが生じない限り、ここでは一日に二〇機までのコンバインハーベスターを製造できるという。

作業員たちの肉体的な負担を軽減するための、持ち上げ用機械や、ネジ締め用ドライバーなどのいくつかの補助的な電動機械を除けば、組み立てそのものは基本的に手作業で行なわれる。この工程がロボットに任せられない一つ目の理由は、組み立て作業上の性質にある。装備されるべき部品や備品を、複雑な構造の板金ボディの内側やなかなか手が届きにくい場所に取り付けなければならないからだ。そのような場合はやはり人間のほうが融通が利き、なんといっても適応能力に長けている。二つ目の理由としては、製品のバリエーションの多様性が挙げられる。一様にコンバインハーベスターといっても、様々なオプションや機種があり、その選択肢の広さは驚くほど高級自動車のそれに似ている。また、比較的早いスピードで性能の革新が進むこともあり、新部品、異なる部品の装着が必要となる。そのようにめまぐるしく作業内容が変化するたびに、いちいちロボットのプログラミングを設定することは、製造台数が比較的少ないコンバインハーベスターの場合は採算が合わないのである。

購入の決め手となるものは

コンバインハーベスターが高級自動車と共通しているのは、備品搭載のオプションの豊かさばかりではない。価格的にも同じ程度なのである。フル装備の最新型モデルなら、最高五〇万ユーロにものぼる。ただ、値が張るのは、マッサージ機能つき子鹿の革張りシートとか、高級ステレオ音響装置、内蔵されたドリンク用ミニ冷蔵庫などがつくからではない。もちろん最近の農機の操縦席ボックスなら、冷房、ラジオ、弾力性が高く快適な座り心地のシートは当たり前だし、要望次第ではドリンククーラーもついている。だが、コンバインハーベスターを購入する者が重視するのはそれらではなく、肝心なのは結局のところ収穫キャパシティだ。決して小さくはない投資であるだけに、採算性が購入の決め手となるのである。

購入側が最も重視するポイントは、刈り取りパフォーマンスの高さ、すなわちコンバインハーベスターがどれくらいの時間とどんな条件下でどれだけの刈り取り量を達成できるか、という点だ。その際、刈り取り幅、つまりコンバインハーベスターのサイズ幅が重要な基準となる。いまどきのコンバインハーベスターは最大一二メートル幅まで刈り取り作業を行なえる。そのようにして刈り取られると同時に、数メートルに及ぶ高さの農機内部へと吸い込まれていく穀物の分量たるや、想像を超えるものがある。だが、畑の刈り入れが早く終われば終わるほど、次の畑の刈り込みを始められ、ひいては穀物を最適な品質の状態で収穫できることを意味する。

したがって、コンバインハーベスターがどれだけの重量と速度で刈り取り作業を進めていけるかも大事なポイントとなってくる。その際に、湿った柔らかい土壌の上でも農機が作業をこなせることが肝要だ。たとえば、農機はフルに穀物を積んでしまうと最高二〇トンもの重量にもなり得る。このため重さで地面に沈み込んでしまうような場合でも、タイヤの代わりにキャタピラを装着できれば強い。まるで雪上車と宇宙船を組み合わせたような姿に変身した収穫用農機のキャタピラは、ゴム製で幅が広く、接地面を分散して圧力を減らすことができる。それでいながら、驚くほどの速さで前進でき、それはコンバインハーベスターが次の畑へ移動するために一般の道路を走る時も同様である。

ただ、道路ではさすがに一二メートル幅のままで走行するわけにはいかないので、画期的な折り畳み機能がかさばる巨大な図体をあっという間にコンパクトに折りたたんで連結車に変身させてしまう。熟練した操縦者でなければこれを安全に牽引することはできないが、一般の道路を楽に移動できるのも利点だ。

もう一つ見落としてならない基準は、やはり重量と関係する燃費の良さだ。一トンの穀物を収穫するために燃焼するディーゼルガソリンの量が少なければ少ないほど、収益が上がるばかりでなく、給油のために作業を中断する回数も減る。

収穫した穀物を運び出すトラックの走行コースを決定するのは、穀物タンクの容量と、そのタンクをふたたび空《から》にできる速さだ。最大級のコンバインハーベスターモデルなら、最適なコンディションで内蔵タンクから穀物を排出するために要する時間はわずか七分。トラック一台につき三、四タンク分の量を載せることができ、運搬を滞りなく行なうためには、すぐに次のトラックが待機していなければならない。

収穫農機と並行して走る運搬用トラックをなるべく均等に、つまり効率よく積荷をするために、荷台のパイプにはシステムカメラが取り付けられており、積載量の最適な目印――積荷分の最上ラインを示す、白地に付けられた目印――を認識するようになっている。

最新型のコンバインハーベスターの優れた性能のおかげで、いまでは穀物の九九・三パーセントを最適な品質の状態で畑から収穫することができるという。それでも農機の様々なパラメータの精度をさらに上げることで、さらなる効率アップに努力が注がれている。というのも、機械による労働の代替という意味では、収穫作業に必要な人員をこれ以上減らす余地はもうないからだろう。

刈り取りルートの最適化

コンバインハーベスターを操縦する運転者は、並行して走行する数台の農機を監視することも可能だ。農機が畑を走る道筋は、GPSを通して操られ、プログラミングされているからである。その際には特別仕様のGPS受信機が畑の端に配置されており、ただでさえ数メートル単位での誤差しかない衛星からのGPSシグナルを修正しつつ、測定値を精密化する。このGPSの修正用受信機は、現在地を正確に把握しており、衛星からの信号を受信すると、把握している正しいポジションとの誤差を算出する。この誤差を修正値として、畑で作業中のコンバインハーベスターに知らせるのである。

こうした精緻化によって、並行して走る複数の農機の位置を、最大でもたった二センチの誤差という正確さで特定することができ、さらには時間的なロスが最小限となるよう、刈り取り走行ルートを最適化する。たとえば、細長い面積の刈り取り耕地があり、そこを収穫機がなんども縦長に往復して刈り取ることを考えると、最後になってひどく細い一列だけのために走行するのは避けたいだろう。それは庭の芝刈りと同じともいえるが、農業の場合、一列の刈り取りコースにつき得る利益もしくは出す損失の額が桁違いに大きい。

前進しながらなるべく無駄なく正確に穀物を刈り取りできるよう、コンバインハーベスターには一連のセンサーが取り付けてある。こうした収穫作業支援システムは、乗用車に装備されている運転支援設備よりはるかに充実しているといえよう。多数のセンサーや自動制御システムのおかげでコンバインハーベスターの操縦は容易になり、機体の隅々に装備されたレーザーやカメラが、穀物をフルに刈り取れるように端の位置を特定する。最短距離の走行や最短時間の刈り取り作業といった基準を算出するソフトウェアは機体が最適なルートで進むように制御するため、すべてが自動的に進み、コンバインハーベスターの操縦者といっても機械が順調に作動しているか見張るだけでほかになにもしなくていい。

ただし、まだ機械の手に負えない問題の一つに、野生の子鹿の出現がある。子鹿というものは、コンバインハーベスターのような巨大な農機が近づいても逃げ出さないどころか、習性的に畑のくぼみに縮こまって身をうずめてしまう。そして、いったん農機の歯に子鹿が巻き込まれてしまう事故が起きると、その日の収穫作業は打ちきらざるを得ない。農機を走らせていた操縦者は精神的なダメージを受けるばかりでなく、死骸を機体の歯からそうとう念入りに拭き取って取り除かなければならなくなる。これは人にも動物にも有害なボツリヌストキシンが穀物に付着する危険があるからだ。

この問題は、動物の体温をセンサーが事前に感知できるはずであるにもかかわらず、いまだに技術的な解決には至っていない。農機の走行スピードが速いため、間に合うように停止するためには、畑の中に潜む動物の存在を少なくとも二、三十メートル前から感知できていなくてはならないのだが、密集した麦穂《ばくすい》のなかを見通すのは困難だからだ。コンバインハーベスターの前をケーブルに繋いだドローンが飛行し、搭載した赤外線カメラが動物の存在の有無を確認し、事前に停止できるようなシステムを試すなど、大学の研究所と協力した実験も行なわれている。収穫期に刈り取り作業を丸一日中断する場合の損失があまりにも高くつくため、そのような比較的大がかりな技術の導入も真剣に検討するほどなのである。

ゴールデン・キーという特典

高級自動車と農機の製造における共通点は価格や装備オプションの豊富さだけにとどまらない。買い手が自分の所有する農機に持つ愛着もまたしかり。高級乗用車のビジネスでも浸透しているサービスと同様に、新たにコンバインハーベスターのオーナーとなったばかりの購入者には要望があれば「ゴールデン・キー（黄金の鍵）プログラム」が提供される。このゴールデン・キーを手にいれたオーナーは、購入の見返りとして製造工場を存分に訪問見学できる。オーダーメイドで注文したコンバインハーベスターのベルトコンベアでの組み立て過程や、その愛車の品質管理テストにオーナー自身が立ち会うことも可能だ。

クラース社の展示ホールにはまるで自動車メーカーのように、ピカピカに磨かれた農機の目玉モデルがずらっとライトアップされて展示されている。その巨大なサイズと重量感は、見学者に自動車よりもいっそう圧倒的な印象を与えるかもしれない。最終的には「ゴールデン・キー」を得た新オーナーはすっかりパーソナライズ（個人の要望を満たしたオーダーメイド）されたコンバインハーベスターの鍵を受け取り、そこからすぐに運転して持ち帰ることも可能だが、大概は列車かトラックなどで新車を届けてもらう。融通の利かない巨体と制限速度によって道路上の走行はあまり快適とはいえないため、直接乗って帰るケースは、製造工場の近くで農場を営む農場主たちに限られるだろう。

自動車業界においてありがちなメーカー同士の競争と感情的な思い入れは——これは価格が高いからこそ引き起こされる部分もあるが——、そのほかの奇妙な現象をも農機製造業界にもたらすことになった。コンバインハーベスターの新型モデルは、好奇心旺盛な人目やカメラを避け、なるべく辺鄙《へんぴ》なところにある畑でテスト走行が行なわれる。というのも、農機の分野でも乗用車業界と同様に、いわゆる「試作車狩り」といって、まだ公開されていないコンバインモデルの情報をいちはやくスクープしようと目を光らせている農機オタクたちがいるからだ。テスト走行する畑では、農機の型の目新しさに気づかれないように、わざわざ旧型のユニットを合わせたり、シールで覆って隠したり、新型センサーや新装備部品をカモフラージュしたりするほどである。

農機の業界誌はこぞって目を引く刺激的なタイトルで、より新しく、より進化したニューモデルへの憧れをかきたてる。乗用車の専門誌同様に、未公開の最先端モデルの写真を先取りして掲載する。そして読者レポーターもまた同じように未公開モデルの撮影に成功し、興味津々のオタク仲間たちに新型モデルにまつわるネタや憶測の種をばらまく。農機のネーミングにも乗用車と同じく、メーカー側の意気込みが表れる。コンバインハーベスター製造者たちはそのパワーと威力を前面に押し出し、バイヤーの要望を熟知した宣伝文句を並べる。ちなみに、いちばん売れているモデルの一つは「ドミネーター」(支配者)というネーミングだ。

製造とサービス　それぞれの年間サイクル

　コンバインハーベスターの製造スケジュールは農業のサイクルにマッチしている。農業従事者、農場や農機レンタル会社にしてみれば、新しいコンバインを夏の収穫前に手に入れ、穀物を収穫してまた収入が入ってから支払いを済ませたいものだ。そのために、製造側もシーズンの波に合わせて従業員たちの労働時間を調整している。冬と春はルーチン上一日の勤務時間を一時間長く設定し、夏場や秋口の収穫のハイシーズンには工場は休みに入り、製造現場の機械は止まる。従業員にとってこの勤務体制の年間サイクルは魅力的だ。このように一年で一番いい時期にまとめて休暇を取れる製造業界が他にあるだろうか？　それも、通常の年二八日間の有給休暇よりもはるかに多いのだから。

　同じ業界でもサービス業のほうではスケジュールがまったく逆になる。農場主にとって、収穫期に農機が止まると、それは収入減に直結する。穀物が的確なタイミングで的確な場所へ搬送されないと、すぐに品質が劣化してしまうからだ。たとえば穀物にカビが生えてしまった場合などは最悪で、収穫が全損となってしまう。品質が損なわれて家畜用飼料としてのみしか販売できない場合、大幅な減収となる。勘定計算は単純でありながら、同時に容赦ない厳しさがつきまとう。理想的な条件がそろえば、クラース社の最新モデルコンバインは一時間に最大八〇トンもの小麦を収穫でき、品質も相応であればそれだけでおよそ二万ユーロ相当の価値に匹敵する。だが収穫農機が故障で停止した日には、損失があっという間に莫大な数字に膨れ上がってしまう。当然ながら、収穫期は修理工場や部品を提供するサービス業者たちにとって目の回るような繁忙期となる。農家が特定メーカーの農機を使用するかどうかを、自分の畑とそのメーカーを扱う修理工場への距離の近さで判断するのも無理はない。修理に呼ばれた整備士は、いつだろうとどこであろうと、よくありがちな畑の真ん中であろうと、直ちに顧客のもとへ駆けつけなければならないからだ。そして、その場で手に入らない部品は、必要に応じてすぐに直接顧客へ届くように手配しなければならない。

メーカーの製造工場での夏休みは、次の年の製造に合わせた設備の配置換え準備と機械のメンテナンスに費やされる。新しいロボット、自動化システムや製造機械などがこの時期にセットされ、新型モデルや新装備の製造用に作業ラインが切り替えられる。製造ホールの巨大さには慣れているはずのガイドでさえ、様々な箇所でいつのまにか新しい製造設備が備え付けられて稼働していることに驚かされるほどだ。

農機メーカーでの労働の多くがまだ自動化されていないのは、自動車産業に比べ製造台数が少なく、バリエーションや特別仕様の選択肢が豊富で、組み立てプロセスがより複雑だからである。だが、新世代の融通性が高くて安価なロボット、工場内の部品供給ロジスティクスの自動システムや、自動化に適した製品設計が進んでいくほど、労働に人が占める割合も減っていくだろう。

さて、これまで見てきたように優れた性能の農機のおかげで穀物が無事に収穫されると、つぎは小麦粉となるべく、たいていの場合、穀物ディーラーである仲介業者を通して製粉場へと運ばれる。そこが、私たちの次の訪問先である。

第4章 水車も風車もない製粉場
——石臼から全自動へ

シンボルとしての四枚の羽根

製粉所といえば、メルヘンや物語に登場するものを思い浮かべる人も多いだろう。丘の上でそよぐ秋風に回転する風車。薄暗い谷間で、さらさらと勢いよく流れる川の水で回転する水車、あるいは睡蓮が広がる貯水池の水に回る水車。そうした昔ながらの製粉所は、木製あるいは鉄製の軸に巻かれた太い革のベルトを通じて円い石臼《いしうす》に回転が伝達され、まんべんなく回りながらドスンという鈍い音とともに穀物の実をつぶす仕組みである。

私たちが、とうに過去の遺物となり博物館入りしてしまったような、原始的な技術段階の製粉機のイメージを思い浮かべてしまうのも無理はない。風車や水車はかつて、人々の生活のなかでそれほど広く利用され、民謡や物語によく登場するほどあたりまえの存在だったのだから。そして現代になっても、ほとんどの小麦粉のパッケージや、ハイテクを駆使する多くの製粉会社のロゴに風車の形が使用されている。あの典型的な四枚の羽根をもつ風車のシルエットは、おそらくこの先も長く製粉場のシンボルとして君臨し続けることだろう。モバイル通信の時代を迎えても、日常から姿を消してしまったダイヤル式の卓上電話の受話器の形やジリリリンというけたたましい呼び出し音が電話のアイコンとして生き残っているのと同様に。

いまどきの製粉場はひたすら合理性を追求したものだ。背の高い、大型の複合的な建物で、その立地は昔のように風や水の流れといった、利用するエネルギー源に限定されることもない。製粉場の建設にあたり、最も重要な立地条件はロジスティクス上の交通の利便性と、周辺地域から質の良い原料を調達できることだ。現代の製粉場は二四時間内に一〇〇〇トンあるいはそれ以上もの穀物を製粉でき、ドイツ最大の製粉工場では、一日に最高五〇〇〇トンの分量さえ可能だ。こうした大型製粉工場はなんといっても、膨大な量の穀物を調達し、いったん保管し、製粉化された商品を顧客へと届けるロジスティクス上、アクセスのしやすさが不可欠なのである。

したがって、製粉工場はアウトバーン、鉄道路線や内陸水運や海港のそば、あるいはこれらの運搬オプションが複数揃った立地に建てられていることが多い。製粉工場の建物には必ずつきものの、背の高い円形塔のサイロを探せば、その土地の水運拠点が見つかることが多いのも当然といえるだろう。

一日一〇〇〇トン

昨今の製粉業界が生産する規模の大きさはなかなか想像しがたい。通常、一〇〇キロの小麦粉からふつうのパン〔Brötchen　ドイツの朝食には欠かせない、手のひらに乗るサイズの硬めのパン〕が三〇〇〇個焼けるが、一〇〇キロといえば、大サイズ袋二つ分、もしくは小サイズ袋四つ分である。だが、一〇〇〇トンの小麦粉とはどれほどだろうか？　大型製粉場が一日にどれほどの量をさばいているか、だいたい把握するためには運搬車両に着目するとわかりやすいだろう。平均的な大型トラックなら二〇から三〇トン、鉄道の貨物ワゴン一台なら最大四〇トン、貨物船なら一隻《せき》につき一五〇〇から二〇〇〇トンの小麦を搬送できる。製粉場の入り口に大型トラックが列をなすのはめずらしい光景ではない。

ここで、現代の製粉工場の規模の大きさを理解するために、製粉のこれまでの歴史を振り返ることにしよう。人類最初の水車は五〇〇〇年以上前にアジア圏で作られたとされる。ローマ帝国の全盛時代である二世紀にも、発明好きな技師が数キロも離れたところから水流を導き、その力を利用した巨大な粉砕施設を建設している。ローマ時代でも最大規模だといわれているフランスのバルブガルの水車群跡は、アルルの街に飲料水を供給していた水道橋から流れ落ちる滝のエネルギーを利用したものだった。二列に設置されたそれぞれ八基の水車を、急斜面を流れる水が回していたのである。およそ二〇〇年にわたって使用される間、新しい石臼を試し、水の流れを調整するなどして継続的に改良が重ねられた。さて、このローマ時代の製粉場はどれほどの量をこなせたのだろうか？　バルブガルの製粉能力については、一日につき四トンから二八トンの説まであるが、いずれにしても当時としてはとてつもない量だったことにはちがいない。

当時、各世帯で小麦粉を得るために何時間もかけて手作業で小麦を挽《ひ》く労働が必要だった人々にとっては、このような大規模工業生産は魔法のように映ったのではないだろうか。私たちが現代の工業設備に感嘆のまなざしを向けるのと同じように。その後数百年にわたっても、何千人という人々の食糧需要を満たすべく、水の力を生かして小麦粉を生産する、これほど大規模な製粉場は欧州において他になかったとされる。

蒸気機関が登場するまでの数百年間、ドイツに広く普及していた粉砕機は、一日に平均二五〇キロから一トンの穀物を挽いたというが、それは今日の処理量の一〇〇〇分の一に相当する。それも水流が適量だという好条件が揃った日のことであり、けっして水が多すぎたり、凍っていたりなどせず、木製の水車のメカニズムも問題なく機能していなければならなかった。

中世の水車経済の構造を物語る貴重な資料、「ドゥームズデイ・ブック」〔Domesday Book 世界初の土地台帳〕には、イングランド王国を征服したウィリアム一世が行なった一〇八五年の検地結果が記録されている。水車と風車の合計数は五六二四基にのぼり、一基が平均三〇〇人分の小麦を供給した。このように水車や風車が小規模にとどまったのは、風量や水量から得られるエネルギーが当時は限られたものであったことや、道路事情が悪く、荷車や馬車などでかさばる穀物を遠路運ぶのは時間も労力もかかりすぎたためだ。

現在もなお、ほとんどの製粉場は穀物の大半を、およそ一五〇キロ圏内という比較的限られた周辺地域から仕入れているという。加えて、その地方では手に入らない、あるいは手頃な価格で入手できない種類や品質の穀物が船や貨物列車で何百、あるいは何千キロも離れたところから運ばれてくる。

製粉工場に運び込まれる穀物の積み下ろし作業は、まったく人手を必要としない。大型トラックや貨物列車の場合、穀物は荷台から格子状の網を通して地下に設置された運搬システムへと注ぎ落とされ、そこから直接大きなサイロや、つぎの処理施設へと送られる。積載量が大きい貨物船の場合、いくつもの巨大なホースが負圧を利用して穀物を吸い込む。船から行なうこのような積み下ろし作業には、電力を二分の一メガワット消費するそうだ。およそ一〇時間かかるこの作業に必要な電気量は、五人家族の世帯が一年に消耗する量に匹敵するのだから、扱う穀物の量の膨大さを物語っているといえよう。トラックからの積み下ろし用にも、小型の吸い込みホース設備はあるが、単に重力で注ぎ出す方式に比べてエネルギーコストがかかってしまう。

だが、農場側は収穫した穀物を単に製粉場へ運んでしまえばいい、というわけではない。というのも、穀物が製粉場に受け入れられ、サイロに送り込まれる前に、入念な品質チェックをパスしなければならないからだ。運ばれてくる穀物の各ユニットのなかから、購入側である製粉場は複数のサンプルを抽出して様々なテストを実施する。そのためにトラック一台一台の上を、遠隔操作の吸い取りチューブが、運び込まれた収穫物のあらゆる箇所からサンプルとして数キロずつ、検査室へとじかに送り込むのである。

そこでまず確認されるのは、その穀物が果たして実際に発注した穀物の品種と一致しているかどうかだ。トラックを見ただけでは積荷の内容までわからない上、積荷の記載書類もまちがっていたり、取り違えていたりする可能性があるからだ。穀物品種に誤りがないことが確認されると、今度は不純物のチェックが行なわれる。収穫された穀物のなかには砂や石、藁くずやいっしょに刈り取られてしまった雑草の種などが許容範囲以上に混ざっているかもしれない。あるいは湿気を含み過ぎていたり、乾燥し過ぎていたりすることもある。麦穂が麦角《ばっかく》やカビといった病気に感染していたり、悪臭がしたり、虫や動物やその残骸で汚染されてしまっている場合もある。このように、検査室で様々な基準と照らし合わせた結果、品質検査をパスしないこともあり得るのだ。

麦角という問題

麦の栽培において、古来より農夫たちを悩ませてきた問題の一つに麦角がある。これは菌による麦の病気で、麦穂が縦長に黒ずむので見れば明らかに感染がわかる。麦角菌は人体に有害ないくつもの種類のアルカロイドをつくりだす。ドイツ語で麦角をMutterkorn〔Mutterは母、Kornは穀粒の意味〕と呼ぶようになったのは、麦角から抽出されるアルカロイドの一種であるエルゴメトリンに子宮収縮作用があり、とくに妊婦への影響が大きかったからだ。流産しやすくなったり、堕胎に利用されたり、あるいは逆に、陣痛を誘引したり産後の出血を止める効用もあった。黒くなった麦穂に含まれるアルカロイドには、血管を収縮させたり、幻覚を引き起こしたり、ときには四肢の壊死《えし》を招くような有害性がある。とくに多量に摂取すると、呼吸や心拍停止によって死に至る場合もある。したがって製粉場としては、製粉する前の段階で麦角を見つけてとりのぞくべき理由が十分にあるわけである。

　麦角菌は妊婦に良くも悪くも作用するだけでなく、そこに含まれるアルカロイドは薬の製造の基本材料としても使われる。たいてい専用の容器のなかで、特定の菌を繁殖させ人工的に麦穂に感染させる。麦角のアルカロイドには、現代になってから知られるようになったサイケデリック系（幻覚的）の麻薬ＬＳＤの製造の基盤であるリゼルグ酸も含まれている。ビートルズが“Lucy in the Sky with Diamonds”で化学者アルバート・ホフマンの発見を歌詞にして歌う前から、麦角に含まれる成分が幻覚を引き起こす作用は知られていた。また、何千年も前にリゼルグ酸アルカロイドを精神活性化に用いた記録も存在する。

　アルカロイドは麦角に含まれる成分のなかでも唯一水溶性であるため、他の有害性の高い成分と分離することができた。したがって昔からその部分がひき割られ、水に浸けて漉《こ》されてから使用され、その際に浸けた水は麻薬として利用された。また、いまでは片頭痛《へんずつう》と呼ばれる強い頭痛にも、麦角アルカロイドを昔から低用量で投与していた。昨今は、もっと副作用の少ない「トリプタン」と呼ばれる成分を片頭痛に用いるが、これも麦角アルカロイドの研究で発見されたものである。いずれも脳内の同じ受容器官に働きかけ、片頭痛の原因である血管の拡張を、特定的に縮小させることで痛みを和らげる。

農夫や製粉業者は、何世代も前から麦角がとりわけライ麦によく感染することを知っていた。九世紀頃からヨーロッパにおいてライ麦栽培が盛んになると、市民の間で麦角菌中毒の被害が広がった。何百人、何千人という規模で中毒が蔓延し、数百年の間に人々を度々不安と恐怖に陥れた。そうした状況への対処を請け負ったのが、一〇九五年に創立された聖アントニウス会の修道士たちで、「聖アントニウスの火(業火)」と呼ばれた麦角菌中毒の治療に尽力した。この修道士会はヨーロッパ全土に数百もの施療院を設けたが、当初はまだ病気の原因がわかっていなかった。一五九七年、マールブルクのフィリップス大学でついにアントニウスの火と麦角摂取の因果関係が解明され、ようやく有効な対策をとることができるようになったのである。何十万もの人に苦しみをもたらした病に、学術研究が打ち克った初期の事例といえるだろう。

麦角菌に感染した麦粒は、そうでない健康な粒よりも大きく、またひどく感染している麦穂は黒ずみ、見ただけですぐに判別できるため、製粉業者たちは該当する麦穂を可能な限り急いで取り除いた。栽培する畑でも、開花時期の前に麦畑の端の雑草を刈り取って感染の確率を下げ、栽培する麦の品種も麦角にかかりにくいものを選ぶなどの予防策をとるようになった。麦穂の麦角菌感染の被害を受けるのは人間だけではない。麦角が混ざった飼料を与えられた家畜もまた同様に中毒を起こすからだ。したがって原因が究明されてからは畜産業者たちも、飼料から麦角を除去することの重要性を認識するようになった。

穀物のこうした不純物を除去するために様々な機械が開発され、その後の数百年の間に改良が続けられたおかげで、麦角中毒が人間や動物に猛威をふるうことはなくなった。ただ、戦争や食糧危機に見舞われると、餓えた人がこっそり畑から麦を盗み、無知と空腹から麦角を口にしてしまったり、それを家畜に与えてしまったりしたときなど、散発的に起こることはあった。

ヨーロッパにおける穀物消費者は、たとえ社会情勢が不安定な状況にあっても、一貫して食糧産業界が厳しい検査基準を満たしているおかげで、麦角の被害を恐れる必要はなくなった。ただ、一般消費者がとくにライ麦を農場で直接購入する際などは、きちんと不純物除去(精選)がされているか確認すべきだろう。

品質検査と価格交渉――変わらない構図

製粉場の検査室で穀物の焼成性《しょうせい》や製パン性の評価が行なわれている間、運搬してきたトラック、鉄道の貨物車や貨物船は結果が出るまで待機しなくてはならない。というのも、検査結果次第でようやく初めて製粉場が購入するかどうかが決まるからだ。おのずと検査室ではスピードが求められる。収穫期になるとここでは十数人体制で製粉、化学、生物学専門家が幾重にもシフトを組んで分析機やテスト機と格闘する。

届けられた穀物の質が劣悪だったり、不純物が多すぎたり、あるいは湿気を多く含みすぎたりした場合、製粉には適さないためほとんどが家畜飼料メーカーに送られる。そのため、製粉場のすぐそばには仕入れを拒まれた穀物をもっと安い価格で買い取る飼料生産場があることが多い。

穀物の湿気がある程度を超えていると、製粉する前や保管する前に乾燥させなければならないため買取価格が下がる。それ以外にも、穀物が製粉に適してはいても、検査室で品質が低いと評価されたり、単にその製粉場で特定の穀物の品種の需要が低かったりすると買取価格は下がる。

検査結果と様々な品種に関するマーケット需要の予測をもとに、四、五人の担当者が買取価格を提示する。この製粉所の仕入れ部門では当然ながら激しいやりとりがつきもので、当事者たちが感情的になる場合もある。製粉所の検査室における検査手法や技術が革新を遂げたのとは対照的に、この構図は数百年後の今でもほとんど変わっていない。農場側は製粉場側に損な取引をさせられていると思い、育てた穀物の質を想定よりも低く評価され、それなりの価格しか提示されないことに苛立《いらだ》ちを隠せない。現在では検査室で精密な検査結果が出ることもあり、価格交渉のやりとりは比較的わずかな価格差をめぐって繰り広げられるようになった。だが、生産側が製粉所に対して疑心暗鬼になる構図の歴史は長く、その原因も容易に想像できる。

水車や風車(ミル)を建てるには常に巨額の投資が必要なため、かつては地元の領主にしか建設資金を工面できなかった。挽き臼の石はたいていの場合、何週間もかけて遠くから牛に荷車を引かせて取り寄せなければならなかった。穀物を挽くのに適する、十分な硬さを持ちながらちょうどよい表面を持つ石の原料は、アイフェル地方〔ドイツ西部からベルギー東部にかけて広がる標高の低い山地〕で採れることがよく知られていた。たいてい縦に設置されるミルの力を挽き石に伝達する役目の木製の歯車や軸は、どっしりと頑丈な材木をつかい、一つひとつがオリジナル製作となり修理代も高くつく。

ミル・ドクターがもたらした革新

ミルは、各地を渡り歩く技師たちの手によって建てられ、補修された。彼らは故障が起きると高価なメカを直せたので「ミル・ドクター」と呼ばれ、当時にしては複雑な機械学の知識と経験を備えていることにおいて事実上は独占状態にあり、そのサービス料は高額だった。そして数世紀にわたり一定して機械学上の革新をもたらし続けたのもまさにこのミル・ドクターたちであり、風力と水力を生かした新たな見識や工夫は他の分野でも利用されたのである。つまり、製粉所は近代の機械工学が芽生えたところでもあったわけである。

かつての粉挽屋《こなひき》は大概、領主が所有するミルを借りているだけの身分だったため、いつかは十分な資金を貯め、自分のミルを建てることが夢だった。所有者の収入もそうだが、粉挽屋の収入は通常、挽いた穀物の一定の割合分だったため、農夫と粉挽屋が互いに依存せざるを得ない関係が慢性的な不信感につながり、現在でも使用される言い回しや慣用句にも残っている。ドイツ語圏で小麦をはじめとする穀物の計量や取引にまつわる単位や用語〔シェッフェル、ケルブホルツなど〕がケチ、借金、口達者の代名詞として用いられるのはその名残である。

穀物や小麦粉の計量にはシェッフェルという、縁が高くなっている柄杓《ひしゃく》のような形をした、各地方によって規格化されたサイズの容器が単位として用いられた。だが、穀物に含まれる湿気分までは測れなかったため、実際には重量だけではあてにできない。だから麦粒用と小麦粉用と異なるサイズのシェッフェル――農夫たちを欺くために小麦粉用は当然ながら小さいサイズだった――を使用したのだが、これが農夫たちと粉挽屋の諍《いさか》いの種となった。また、地元の領主が、高い建設費用のもとを取るために、たいてい粉挽商売の独占体制を敷いていたことも、その対立を激化させた要因となった。つまり、ミルの建設は、資金的に困難であっただけではなく、地元の支配者のお許しなくしては禁じられていたのである。農夫たちは穀物を売る先として、近郊に建つ二つか三つくらいの粉挽屋しか選択肢しかなく、いずれも同じ領主の所有だった。

粉挽屋のほうもこの状況下でけっして生活は楽ではなかった。挽いた穀物の一〇分の一を農夫から得ても、ミルの所有者である領主に借り賃として、通常八割程度を支払わなければならず、最終的にはわずかしか手元に残らなかった。だが、多くの粉挽屋は様々に工夫を凝らした。農夫たちが必ず粉を挽きに、そして市民が小麦粉を買いにこなければならないことを客足として利用し、副業として居酒屋を営んだのである。水車・風車小屋がたいていは町のはずれに位置しており、町内なら厳格に定められた飲食店の営業時間を、外では守らなくてもよかったことも幸いした。また当時は居酒屋とそのほかの大人向けの娯楽施設が明確に分離されていなかったこともあり、ドイツの民謡に登場する「美しき粉挽娘」とは、そうした粉挽屋の飲み屋にいた娼婦たちのことだったのである。

現代の粉挽屋、すなわち製粉場が営む「副業」はまったく異なり、穀粒の化学的、生物学的、そして焼成技術的分析に明け暮れる。農場や小規模の穀物ディーラーにとっては自前で専門的な分析をするのはコストが高すぎるため、製粉場の検査結果ではじめて品質が判定され、それは価格決定を左右する。品質を低く評価されたり、買い取りを拒否されたりした場合は、生産側やディーラーにとって見込みよりも収入が大幅に下がることを意味する。べつな製粉業者に当たることもできなくもないが、実際には運送費がまた余計にかかり時間のロスも大きいため、あまり得策とはいえない。

買い取り価格に合意したら、穀物を積んだトラックはそのまま、計量技術の奇跡ともよぶべき巨大な秤の上に移動する。その秤の精巧さは、たとえ貨物を満杯に積んで全重量が三〇トンになるトラックでも、一〇キロ単位の正確さで量れるほどだ。一人の人間がそこに立っても、やはり正確な体重が出る。トラックごと穀物の計量が済むと、負圧によって中間保管用サイロへとチューブで吸い込まれるか、あるいは直接次の加工工程の場所へと運ばれていく。穀物が湿気を含みすぎる場合は、温風が吹き込む乾燥機に移され、保管に適するよう湿気をとる。それから目の粗いふるいにかけられ貯蔵サイロに運搬される。大規模な製粉場なら、穀物を様々な品種と品質レベルに仕分けして貯蔵するために、数十ものサイロを管理しているのが普通だ。

デジタルな心臓とパイプの迷路

現代の製粉場の心臓とも呼べるのは、パイプからなる巨大な迷路だ。このパイプの中を、穀物や小麦粉が負圧で吸い込まれ、高圧でブローされ、重力で落とされるなどしてめまぐるしく移動する。この全インスタレーションは六階から八階にまたがり、様々な音や振動が、ほとんど無人の建物の内部を満たす。パイプの途中には、一定の間隔で透明なガラス管がはめ込まれ、いま何がそこを通過しているのか一目でわかるようになっている。モーター作動の分岐用フラップやバルブのおかげで、必要な加工工程に合わせ、パイプの流れを自在に調整することができる。この仕組みは何百という分岐器がある巨大な鉄道模型と似てないだろうか。そこを走るのは列車でなく、穀物や小麦粉ではあるが。

大多数の大規模産業施設がそうであるように、この極めて高度で複雑な製粉場のシステムもやはりコンピュータ制御されている。制御用コンピュータは多くの小さなプロセッサーから成り立っており、いずれも、数台分の電気モーターの回転数設定、分岐フラップの位置やパイプシステムのバルブ開閉といった指示を司る。その他のプロセッサーは、サイロの充塡《じゅうてん》レベル、パイプ内を移動する穀物の通過量、挽き機の温度、容器内の湿度や中間貯蔵サイロ内にある小麦粉の重量など、センサーから得られるデータを把握する。これらのサブユニットは各々、単純な部分プログラムを実行する――「蓋《ふた》を開けよ。穀物が三〇〇〇キロ分通過したとセンサーが知らせたら、蓋を閉じよ。蓋を閉じたら、三〇〇〇キロ通過したことをセンターに報告せよ」。中央にある制御ユニットがこのような命令を小さな部分プログラムとして、たくさんのプロセッサーやセンサーに振り分けるのである。

オーケストラで演奏されるたくさんの楽器のように、それは多くの小さなプログラムの共演であり、中心となる制御ユニットは作曲と編曲と指揮を同時に担う。制御室では、大きなスクリーンで各部分の任務と状況が常に確認できる。製粉場のデジタルな心臓とも呼べるこの部分では、コンピュータ制御されている工場や発電所で用いられているのと同じ技術が使われている。中心にある監視ユニットが全設備の状態をリアルタイムで映しだす。充填レベル、温度、通過量、分岐器位置、回転数、不具合など、すべてが総合的なグラフィックで表示される。

パラメータの数値が設定していた基準から外れると、その外れた幅の大きさによって、不具合の知らせが表示されるか、該当する部分が点滅するか、警告アラームが視覚化されたシグナルとなって、警告音とともに責任者の端末に通知される。だが通常は機械たちが人間による直接的な監視なしで仕事をこなす。ただし、制御設備のスクリーンには、製粉場の至るところに設置された数十台分のカメラのモニター像が映し出され、パイプが詰まって警告アラームが鳴ると、担当者は現場に駆けつける前に、制御室のモニターやスクリーンで状況を確認できる。

こうして製粉場の中心で製粉工程を制御し監視するという仕事を、実はたった一人で行なっていることが多い。注文に合わせた製品を作り上げるためには、各成分の配合数値をコンピュータにインプットするだけでよく、まるでそれはオーケストラの楽譜のごとく演奏者たちに読まれ、フラップやモーターがそれぞれ自分たちのパートを譜面通りに奏でて共演を果たす。この配合こそが、どのサイロからどれだけの穀物をどの粉砕機とシフター(ふるい機)に送り、何回にわたってどれほど細かく粉砕と篩過を実施するか、そして様々な品種の穀物にどの添加物を加えて、小麦粉の製品として完成させるかを決めるのである。

ピンポイント選別される粒

原料の穀物は、まずサイロからセパレータと呼ばれる粗目のふるい機に送られる。ここでは数段階を経て、異物が除去される。小石は粗目の網にひっかかり、もみがらや藁くずは、網を通して下から吹き上げたエアーで取り除く。割れてしまった麦粒や雑草の種などは、求められる粒の大きさのものだけが残るよう、網目のサイズを正確に測ったふるいにかけることで、理想の粒の大きさよりも小さいものは落ち抜け、それよりも大きいものはふるいの網に残る仕組みだ。

次の精選工程で使用される機械は現代技術の驚異ともいえ、ハイテク好きならばその高度さと精密さにため息をつくことだろう。それは光選別機（オプティカルソーター）といって、高速カメラが穀物の一粒一粒を両側から捉えて分析する機械だ。まるで薄いカーテンのように穀粒が一列に並んで落下する密度なので、穀粒が前後で重なることがなく、一粒一粒もれなく高速カメラが捉える。

標準値と異なる粒がある場合、たとえば麦角に感染して黒くなっていたり、粒が割れていたり、別な品種の穀物だったりなど、ほかにも「異状」が認められた場合、カメラのすぐ後ろのノズルから一瞬、圧縮空気が吹き出し、落下する穀物カーテンから該当する粒だけをピンポイントで飛ばして排除するのである。一日に一〇〇〇トンという大量の穀物の処理能力があるこの製粉場でも、このように一粒一粒のすべてが高速カメラの前を通過し、緻密に認識され、分析される。このハイテク機械は、近代の自動画像識別技術と超高速制御技術という、極めて精巧なメカニズムがみごとにシンクロナイズした成果であり、天才的な技師の優れたアイディアの集大成ともいえよう。

さて、ふるい機にかけられ、高速カメラで一つひとつ審査を通過した精選済みの穀物は、水分を加えて調質される。ついその前に乾燥させたばかりなのに、と一見矛盾しているように映るこの工程は、次の段階で粒そのものをきれいにするために必要な下ごしらえだ。いわゆる「スクラブ」を経て、粒の表皮が最初の破砕で胚乳(中身)から離れなければならないのだが、表皮を剝《は》がしやすくするために、水分を加えて数時間放置し、麦粒に適度な湿り気を与える。湿気を含むと、表皮は柔軟性に富み、胚乳は柔らかくほぐれやすくなる。ただし湿気を含んだままサイロに保存するとたちまちに傷んでしまうため、調質後はすぐに最初の「挽き」であるスクラブにかけられる。

人類が草の穂から種を収穫することを覚えて以来、栄養度のある穀物の中身をそのカサつく表皮から取り出し、水と塩を混ぜて丸めてピタやパンを焼くために、穀粒をいちいち砕かなければならないという面倒な手間が生じた。考古学上の研究では、最古の挽き石は遅くとも二万三〇〇〇年前からあったらしい。さらに遡った四万五〇〇〇年前にも、人類の先祖が麦粒を砕いて粉にしたことを示唆するものがあるという。食のための粉砕という意味では聖書のなかにも登場し、挽き機を抵当に入れることを次のような文面で禁じている。

「ひきうす、またはその上石を質にとってはならない。これは命をつなぐものを質にとることだからである」(モーセ「申命記」二四章六節〔『旧約聖書(口語訳)』日本聖書協会〕)。

水車からモーターへ

穀粒を挽くには非常に労力がかかる。硬い粒を小さく砕くには大きな力を必要とするからだ。人類は穀物の栽培を始めて以来、この作業をより早く、より効率的に、そしてより楽にこなせるように様々な道具と方式で試行錯誤を繰り返してきた。一番古くからよく知られた方式は、くぼみのある石版の上で、磨《す》り石を前後に挽くやりかただ。

そしてこのように、二つの石に挟んで麦を挽くという原理そのものは――近代になって陶器製の、そしてのちには鉄鋼製のローラーを用いたローラーミルが発明されるまで――何千年もの間変わることはなかった。円形の石臼を手回ししたり、家畜をぐるぐると円形に歩かせて引かせたり、水の流れや滝の力を大がかりな仕組みで利用したりするようになりはした。麦をふるいにかけるのも手作業だった。やがて、メカニカルなふるい機が登場し風力や水力のエネルギーを利用するようになった。

一八世紀末ごろには、欧州でおよそ五〇万台の水車が動いていたらしい。工業化が進むにつれ、水車は製粉にかぎらず、ハンマーミル工場〔主に鉄鉱石加工用のハンマー式工場〕、紡績工場、製紙工場、針金工場やドリル工場など、様々な生産分野で広く利用されるようになった。昔の水車はおよそ五馬力から七馬力程度だったそうだが、数百年の間にパワーアップし、一七世紀の終わり頃から水車の数も爆発的に増えたことで、至るところで水力の利用について詳細な規定事項が定められるようになった。貯水池の水位、水車の直径、稼働させる時間などのあらゆる制限値がきつちりと設けられ、それも多くの諍《いさか》いの種になったことは当時の資料にも残っている。その頃、産業が集中する地域を流れる河川は、数百メートルおきに水車があることもめずらしくなかった。

いまどきの製粉場の粉砕機は強力なモーターで稼働し、フライス〔金属を切削する円筒状の回転式刃物〕加工で様々な溝を刻まれた、強度の高い鉄鋼製ローラーを円柱型の金属シリンダーに巻きつけたものを使用している。極めて精巧に調整された間隔を開け、互いに向かって回転し合う一対のローラーのわずかな隙間部分に穀物が落ちる。この段階での穀粒はかつての石臼やメカニカルな粉砕機のように押しつぶされるのではなく、「破砕」といって割かれるのみにとどまる。すべての調整が最適で、穀粒もちょうど良い湿気を含んでいると、表皮が柔軟になっているため芯の胚乳からきれいに剝がれ、表皮自体が粉々になってしまうこともない。そのおかげで次の工程で、剝がれた表皮のみをふるい機で除去しやすくなる。

現代の製粉場のふるい機は、家庭で一般的につかわれるふるいとは様相が異なる。プランシフターと呼ばれるこの機械には、数メートル大の振動する網枠、そのなかには網の張られた枠の引き出しが何重にも重ねられたものがまとまっている。その網が張られた枠は一側面のみ開いている箇所がパイプにつながり、シフターが製粉場の運搬パイプシステムと連結する部分となる。穀粒あるいは小麦が上から次々とシフターの何重もの網の上に落ちるわけだが、いちばん目が細かいものは絹製だ。それぞれ目の粗さが異なる網に引っかかり、サイズが大きすぎるものは網の開いているほうを伝ってパイプに入り、さらに粉砕（挽砕《ばんさい》）されるか、べつなシフターにかけられるか、あるいはサイロに貯蔵されるために、次の工程へ運ばれていく。

家庭でケーキを焼くときに粉をふるうのと同様に、製粉場のシフターの網も揺らされることによって細かいものが下に落ち、粗いものが網上に残る。そのために、どの網枠も重しのついた強力なモーターで振動させるのだが、仕組みは携帯電話のバイブレーターと同様だと考えればわかりやすいだろう。円形ではない重しが回転することで、網枠を重ねた箱全体が振動するのだが、その箱自体は、天井と床に固定された鉄鋼製の枠組みの中に、ポプラ材の竿を束ねたものを用いて掛けられている。

徹底して自動化され、鉄鋼とガラスが建材として使われている世界にポプラの竿とは時代錯誤的な光景ではあるが、それもじつは製粉業者が何百年も前から受け継いだ伝統に基づいているのである。というのも、ポプラの木材は非常に弾力性が高くてよくしなり、振動する網枠を上から下げるためには最適な上、安価だからだ。

現代の典型的な製粉所は、そうしたシフターが少なくとも二〇台以上は稼働している。何列にも並んだ、一定かつ高速で強力に振動している大きなオレンジ色のボックスの間を歩くと、船酔いしたような気分になるものだ。プランシフターが立ち並ぶ無人のホールにいるだけで、作動している機械のパワーと重みを直接的に肌で感じることができる。穀粒や粉末は網枠がパイプの迷路とつながっている半透明で自在に曲げられる接続部分を、圧縮空気でシュッと通り過ぎる。ズンズンという振動音、シューシューという通過音、そしてブーンと絶え間なく唸り続ける機械。

だが、この低音を出し続けている一連の機械が占める面積はホールの半分も占めていない。それは、このホールがまだ出力が低くサイズが大きかった機械を使用していた頃に作られたものであり、技術の進歩とともに現在のコンパクトな世代のものが取って代わったからである。

　穀粒が小麦粉になるまでに、ふるいにかけ、粉を挽くプロセスが交互になんども繰り返される。穀物は通常一三回から二五回ほど、パイプの迷路を通ってシフターと粉砕機の間を往復する。シフターが様々な大きさの穀粒をサイズごとに振り分け、的確な製粉配合に調整する制御システムの指示に従い、パイプを通って該当する粉砕機へと送る。粉砕されたものは再びパイプを通ってシフターへ、そしてべつな粉砕機を経て、ようやく粉砕完了となるのである。

全自動のパッケージング

　製粉され、配合もすんだ小麦粉はすぐに出荷用に準備されるか、保存用に貯蔵サイロに運ばれる。小麦粉は、十分な乾燥、適度に冷えた温度、害虫から保護された環境が保たれれば、ほかの穀類と違ってかなりの長期間保存することができる。たとえ製粉から数十年経っていても、その間に湿気や害虫から守られてさえいれば、多少香ばしさは失われるかもしれないが、食糧品化学者たちが実証済みのようにまったく問題なくパンなどに焼いてつかうことができ、品質も劣らない。つまり、小麦粉は粉末が細かければ細かいほど、色も明るければ明るいほど、長期にわたって保存がきくのである。逆に褐色の全粒粉は脂肪酸が含まれるため、油臭くなり味覚も損なわれやすい。

　ある大型製粉場で工事を行なった際に、何十年も前にうっかり建物の空洞に埋め込んでしまったらしい紙袋入りの小麦粉が発見されたことがある。製粉場のオーナーは好奇心からこの古い小麦粉の分析を専門家に依頼した。すると驚くべきことに、この小麦粉はまったく問題なくパンにして焼いたり調理に使ったりすることができた。乾燥した暗い空間で完全に密閉された状態だったため、虫も寄せ付けず、せいぜい周囲の匂いが多少移ったくらいで済んだのである。

匂い移りに関してはいまだに、たとえばスーパーマーケットに納品する際に、小麦粉のパレットが洗剤などのそばに配置されてしまうとトラブルになりがちだ。小麦粉は匂いに染まりやすいため、洗濯用の洗剤の匂いが一度移ってしまうとクレームがつき、製品として売れなくなってしまう。

製粉済みの小麦粉は、大規模なパン工場に直接トラックで運送されるなら別だが、小規模なパン屋や一般家庭向けに一キロ単位での包装を大量に行なうことになる。昔なら、小麦粉は大袋でしか卸売りされず、各小売店で家庭用に量り売りされていた。だが、保管環境によってはネズミや虫、湿気で害される可能性があり、量り売りの際にもこぼれるなどして失う部分も大きかった。

こうした不便から、家庭用サイズのパッケージがあっという間に普及した。紙のパッケージが考案された当時は五ポンド分、つまりだいたい二・五キロサイズだったのは、このころはまだ家庭でパンを焼くことが多かったからである。いまでは、一キロパッケージが規格サイズとして定着した。当初はパッケージングがすべて手作業で行なわれ、何百人という女性作業員たちが計量器のあるテーブルにずらっと長い列になって座り、一日中同じことを繰り返していた。大きい匙《さじ》で袋に粉をざっくり入れ、今度は小さいスプーンで加減して微調整を行ない、規定の重量を満たすと袋の口を閉じる。一九六〇年代に至るまで、製粉場で働く人員の大半は袋詰めの作業に割り当てられていたのである。

現在、小麦粉のパッケージング作業において人が果たしているのは補助的役割に過ぎない。非常に単調ではあるものの、工程としては複雑な作業を行なう包装マシンを監視し、不具合が発生すれば対処し、消耗される大小の袋、糊《のり》や封印マークなどが途切れないように補充する。

わずかなオペレーターしか必要としない包装マシンは、小麦粉の厳密な計量、袋詰め、袋とじと糊付け密封を全自動で行なう。高感度な金属探知機が小麦粉を詰めた大小パッケージの一つひとつを検査し、そこへ来るまでの製粉場内の長い道中に、機械から落下したネジや座金《ざがね》（ワッシャー）、小部品などの金属が紛れ込んでしまっていないかをチェックする。そして万が一発見された場合は、機械を直ちに停止させなければならない。というのも、一つ見つかったということは、他にもどこか金属が緩んでいる可能性が高いからである。それにどのネジも座金またはナットとセットになっているものだ。金属の破片が紛れた場合も同様に「共犯者」の存在を疑ってかからなければならない。パイプシステムや包装マシンなど外からは見えないところで破損や摩耗が起こっているかもしれないからだ。

最後に検査スケール（秤）が、小麦粉の各パッケージが規定の重量に達しているかどうかをやはり自動システムで確認する。達していない場合ははじき出され、少し多いくらいの場合は、消費者にとって損でもなく、製粉業者側にとってはいちいち排除するほうがコスト高なため、審査をパスすることになる。

出荷を管理するチップ

パッケージングされた製品はベルトコンベアに載って移動し、ロボットたちがそれらを規格サイズのユーロパレット〔ヨーロッパ規格の木製パレット〕に載せていく。パレットが満杯になると、自動的に次のステーションへと運ばれ、全体がストレッチフィルムでぐるぐるとラッピングされる。ストレッチフィルムを巻くことで、小麦粉を雨や他製品の匂い移りなどから保護できるだけでなく、パレットごと動かす際に荷崩れ防止の役目を果たす。

フィルムの外側には、必要情報を記載したシールがやはり機械で貼られる。どの出荷に属するか、パレットの内容、運搬情報など。このシールは製粉場の受注マネジメントシステムが自動的に作成するものだが、機械だけでなく人間も読めるようになっている。必要に応じて、どのパレットの小麦粉も、もともとはどの穀物ロットやルートで搬入されてきたものか遡って特定することができるように。

梱包され、シールが貼られたパレットは、これも人の手を一切煩わせることなく、リフトやベルトコンベアを経て完全自動の高層倉庫に送られ、出荷するまでの間、そこに保管される。この高層倉庫はその後に続く物流チェーンで用いられる仕組みによく類似している(第7章参照)。

さて、小麦粉の行き先が小さなパン屋や一般家庭販売向けのスーパーではなく、大規模なパン工場となると、通常タンクローリーで運ばれる。製品を受け取りに来るトラックの運転手は、製粉場の入り口で該当する製品ロット情報が保存されたチップカードを渡され、製粉場の出荷用サイロの前まで進み、原料の搬入の時と同様にトラックごと巨大なスケールの上に停めてからチップカードを指定の機械に差し込む。チップに記載されたデータをもとに、製粉オペレーティングシステムのソフトウェアが、数多くあるサイロから該当する配合の小麦粉が保管されているものを特定する。パイプシステムは自動的に貯蔵サイロからトラックにむすびつく回路を調整して設置し、注入が始まる。スケールが上限値、あるいは受注した分量の小麦粉に達したことを知らせ、「積荷完了」として製品の受け取りプロセスが完了する。

チップカードがなかった昔の時代、会計実務ももっと原始的なやり方を用いていた。納品や借金といった拘束性のある約束事は、「タリースティック」〔ドイツ語：Kerbholz〕という同じ木片を二つに割った板が使用されたのだが、二枚を合わせた状態でその横側にたとえば小麦粉あるいはトウモロコシ一袋分を示す切り込みを刻みこむことで、両方の板の同じ箇所に目印が入った。粉挽屋と農夫は、その板の片割れずつをそれぞれ手元に保管し、後に清算する際には双方の木目が一致することから同じ木片のものだと確認でき、刻んだ印のごまかしはきかない仕組みだった。ちなみに、いまでも借金を抱えていたり、まだ清算していない過去を持つ人のことを「タリースティックに刻み跡がある」といったりするが、その語源はここからきているのである。

最適化のゆきつくところ

いまどきの大きな製粉場は、製粉前の穀粒保管用のサイロのほかにも、一万トン以上の小麦粉を貯蔵しておける保管キャパシティを有する。その理由は、大口顧客〔パン屋向けにパン生地を生産する大規模なパン工場〕が長期取引契約の枠内で、需要が生じてから、その度に発注するからである。これに対応できるよう、製粉場は特定の穀物品種をある程度中間貯蔵し、オンデマンドで顧客が必要とする小麦粉の配合のために備えるのである。

大口顧客へ出荷する前には、製品から少量を無作為に抽出し、検査室で品質分析と焼成テストを実施する。大規模なパン工場にとっての卸し先である小規模パン屋でのパン作り工程に見合った、要望通りの製パン性でなければならない。そのために製粉場では十数人もの専門員が、安定的に同じ品質のパンが焼けるように――それも大規模パン工場が許容するコスト内であることも考慮して――小麦粉の最適な配合と製粉の適切な粉砕度を突き止めるため日々研究を重ねているのである。

小麦粉が単に主食であるパンをつくるための原料だけだった時代はとうに過ぎ、食品産業用に加工するためあらゆる分析が行なわれ、改良のために絶え間なく試行錯誤がくり返されてきた。とくにその焼成性に関してはパン屋やパン工場のみならず、製粉場も研究開発に取り組んでいる。

毎年、収穫されたばかりの新しい穀物が製粉場に搬入されると、すべての大口顧客のために小麦粉を分析し、最適化しなければならない。その年の気候によって、穀物の品質の特徴が異なり、焼成性も変化する。そのため、製粉場の製パン性研究の専門員らは、現在市場で入手できる穀物で、どのような製粉配合にすれば、前年と同じような焼成性を有する製品にできるかを追求する。だが、たとえばコストの制約から小麦粉の配合を変えるだけではその目的が達せられないと、焼成プロセスの様々な基準値を変更しなければならなくなる場合も生じる。加える水の量を増やしたり減らしたり、ミキサーにかける時間を長くしたり短くしたり、焼成の温度を上げたり下げたり、オーブンの温度分布を変えたりするなど、消費者に違いを気づかれることなく可能な限り同じパンを作り続けるためには、実に多くの方法がある。

結局のところ、行き着くのはそこなのである。チェーン系の大型スーパーは、常に同じように完璧な商品が並ぶことに、消費者を慣れさせてしまった。野菜はいつも基準通りの外見を求め、パンもまた、これまでもずっとそうであったように外見も味覚も同じであり続けることを期待する。色、焼き具合、成分、歯ごたえ、味やしっとり感が消費者の期待を裏切ってはならない。べつなものを求めるなら、買う種類かブランドを変えればいい。このように、品質上の基準をつねに一定にキープするために生産側が費やす労力ははかりしれない。

結論――自動化による創出と喪失

一日に一〇〇〇トンという膨大な量の穀物を製粉加工する作業を、どれだけ少ない人数でこなせてしまえるかには驚くばかりだ。粉砕工程、篩過と包装は実際に完全自動で行なわれ、ほんの一握りのオペレーターが機械を調整し、監視するだけでいい。したがって製粉場でいちばん多く人手を必要とするのは、入荷搬入と出荷の際の品質検査、焼成テスト、穀物(原料)仕入れ、そして顧客の製パン法に適応すべく試行錯誤する技術研究の各部門である。

自動化のおかげで、重労働で、単調で、退屈で、健康を損なう危険を伴う多くの仕事が機械に取って代わられた。袋詰めや袋運びの仕事などまさにその典型だろう。袋に規定の小麦粉の分量を充填して密封する機械が登場するまでは、すべて手作業だった。空の袋を秤に載せ、小麦が保管されたサイロに繋がれたパイプの蓋を開けて注入し、袋に適正な分量が入るまで待ち、匙で加減しながら重量の微調整を行なう。このような充填作業の際は必然的に大量の粉が宙に舞うため、小麦アレルギーや喘息といった、製粉所やパン屋で働く人々の典型的な職業病を引き起こす要因となった。

小麦粉の充填が終わると手縫いで袋の口を閉じ、今度はその重い袋を保管場所へと運ばなければならない。重い小麦粉の袋がすべてまた人間の手でパレットの上に積み重ねられる。ひと袋につき二五キロの重量を、毎回持ち上げて動かすのである。どんな力持ちだろうと、これだけの負担がかかっては遅かれ早かれ背骨や関節を傷めるのは当然だ。

筆者が訪問した製粉場も、長年こうした力仕事を担ってきた従業員が健康問題を頻繁に抱えるようになったことで、パレット作業を代わりに行なうロボットに投資する潮時を迎えた。袋への充填作業はもうある程度機械化されていたが、充填済みの袋はまだ人の手でパレットに積み上げていたのだ。ロボットはこの力仕事を人間より早くこなしたりはしないが、必要とあれば一日に二四時間でも働き続ける。休むことなく、背中に痛みを感じることもなく。だが健康を害したとはいえ、それまでその任務を担っていた従業員はその仕事を手放そうとはしなかった。力に自信のあったその男性は、重い袋を担ぐ仕事が年齢と共にできなくなってきていることを認めたくなかったのだ。強いはずの自分が機械に取って代わられるなど、屈辱だった。

ドイツの多くの製粉場は先祖代々、粉挽きを家業として営んできた家族経営のところが多く、中には数百年前まで歴史をさかのぼることのできるケースもあるくらいだ。祖父や曽祖父の時代は、製粉技師となるために専門の職業教育を受けるのが定番のコースだったが、その後の世代からは多くがエンジニアやビジネスマンとして働くようになり、製粉業界における時代の変化を反映している。

従業員たちに対して負う社会(保障)的責任は、経営状態が可能とする範囲内ではあるが、家族経営の製粉場でも真剣に果たそうとする姿勢が見られる。先述の、肉体労働を長年担っていた従業員に対しても雇用側は単にお払い箱にするのではなく、代わりにべつな任務を与えることにした。従業員は、新たに研修を受けてフォークリフトのドライバーとして働ける資格を取得すると、重い袋を運ぶ仕事はロボットに任せ、本人はパレットそのものをロボットのために運んだり、倉庫内のその他の運搬作業を担当するようになったのである。かつて袋運びをしていた従業員はその後、定年退職するまでの一〇年近く、以前の自分の仕事の後継者であるロボットと協働して任務を全うしたのである。

このような例もある通り、自動化や機械化は、業界の諸条件さえ整っていれば、必ずしも職が失われることにはつながらない。生産性と品質を高めるために機械を投入する代わりに、機械が(まだ)できない分野に人による労働をシフトさせていく方法は、自動化の理想的な構図だといえよう。農業分野でもそうであったのと同様に、これまで見てきた製粉にまつわる歴史の歩みは、絶え間なく大きなうねりを伴って押し寄せる技術的な革新の波が、いかにして人による労働の割合を縮小させてきたかを示している。

技術発展の影響をわかりやすく数字で物語るのは、雇用者数の移り変わりだろう。すでに一八九七年には、現在の標準値である一日に一〇〇〇トンの穀類の製粉をこなしていた製粉場もあったというが、その当時は八〇〇人の従業員が製粉場で働いていた。一九七〇年代には、同じ規模の製粉場でも働く人の数は四〇〇人余り程度にまで減っている。電動機械が蒸気機関に取って代わり、リフトやパイプシステムが導入されると、製粉場内での穀物や小麦粉の運搬作業が一気に簡素化した。そしてその数年後の八〇年代半ばには、従業員数はさらに半減する。コンピュータ化された制御システムと自動のパッケージングマシンが導入されたことで、次の自動化の波が押し寄せたのである。

いまでは、製粉工場の専門性によって多少異なるものの、およそ七〇―一二〇人が働く。だが人員のほとんどは主要事業である粉砕工程や生産そのものに直接関わる仕事ではない。コンピュータ化が進んだ際に、それまで人が機械を監視したり、操縦しなければならなかったりした業務がすべて自動化されたことで、必要とされる人の数は大幅に減った。それらの業務はすべてコンピュータ、センサーやソフトウェアに任せ、製粉技師がたった一人でも、投入される膨大な量の穀物の製粉工程を管理できるようになったからである。その代わり、いまどきの製粉場で人が必要とされるのは、一昔前まではほとんど見向きもされなかった分野だ。

およそ二〇人の製粉技師と品質検査員が、十数名の焼成テスト担当者とともに、小麦粉の品質維持と製品開発に取り組む。従業員が比較的多い製粉場は、ケーキミックス商品などに製品を特化していることが多い。これらの製品は独自に開発されるだけでなく、めまぐるしく変化する消費者の味の好みや流行りに合わせて常に改良され続けなければならない。近頃のケーキミックスは家庭用商品としてだけでなく、パン屋での需要も高い。パン屋は製粉場がブレンドしたミックスを使うことで、労力を節約しつつ、より豊富な種類の商品を店頭に並べられるからだ。製粉場側も開発する際に、たとえば小麦粉を飛散しにくくする工夫をして職業病のリスクを減らすといった新しい発想が生まれ、新製品の開発に生かしてマーケティングを展開できる。

パンづくりのために穀物が粉砕される製粉場でも、これまで紹介してきた他の分野と同様の移り変わりの傾向がみてとれるだろう。自動化は労働現場にポジティブな変化をもたらすことができるのだということ。つまり、自動化されて人員を必要としなくなった仕事の代わりに、専門能力を要するが、健康上のリスクが少なく、収入も多い仕事が新たに創出される。ただ、総合的な雇用口が大幅に減ることも見逃してはならない。

では、製粉場の機械や設備はどこで発明され、製造されるのだろうか？　そこでもやはり、もう人による手作業は行なわれていないのだろうか？　また、現代のミル・ドクターたちはまだ職人と呼べるのだろうか？

第5章

現代の「ミル・ドクター」

――イノベーションを生む機械メーカー

業界最大手の目指す先

専門性が極めて高く、伝統も長い穀物加工の業界では、ほんの一握りの機械メーカーが製粉場や穀物ディーラーに根強い人気を誇る。スイスの山岳地に位置するウツヴィル市(Uzwil)では業界最大のメーカーであるビューラー(Bühler)社が一五〇〇年来ここに本社を構え、世界的に事業を展開している。いまや主流として定着している鉄鋼シリンダーを用いたローラーミルなど、いくつかの画期的なイノベーションはここで生まれた。

ビューラー社は、収穫した穀物の加工に必要とされる、ありとあらゆる機械を取り扱っている。巨大な船舶の貨物を荷揚げする際に、傾斜を生じさせることなく均等に吸入する方式の荷下ろし用設備から、穀物乾燥機、シフター(ふるい機)、精選機、粉砕機、それに穀類から朝食用のシリアルをつくるエクストルーダー(押し出し機)にいたるまで豊富に取り揃えている。いくつにも枝分かれする構造の工場ホール、それを見下ろすように高くそびえる三つのビルには、管理、販売、設計部門などが入り、その威容がスイスのこの小さな街のトレードマークとなっている。

ビューラー社の社員に、仕事の重要課題について尋ねると、返答として必ず挙げられる二つのことがある。一つ目は、世界人口の増加に応じた食糧の生産性向上。畑から最後の一パーセントまで残らず農作物を収穫するための、高性能なコンバインハーベスターを製造するクラース社と同様に、収穫した穀物を可能な限り効率的に利用できるよう、ビューラー社もやはり追求を続けている。一見、最適化と効率の向上はもうとっくに限界に達しているかに思えるかもしれない。だが、広範な領域にわたる研究成果、最新のセンサー技術、そしてスイス人が得意とする精密度の高い製造技術が結集するとさらなる改善と向上の余地が見出されるのである。たとえば現在は、ローラーミルの緻密な調整、的確な篩過、より精巧な分析法をフルに生かして組み合わせ、穀粒をその成分にしたがってさらに厳密に分解しようという試みが行なわれている。そうすることによって、穀物原料の質が芳《かんば》しくない場合であっても、様々な質の穀物の特定成分を綿密に配合することによって、小麦粉の品質をある程度改善することが可能になる。通常なら飼料用にしか適さない品質の穀物でも、この方式が実用化されれば一般消費者用のレベルまでに引き上げられるようになるだろう。べつの機械では、小麦を粉砕して残るふすまをさらに振動にかけて叩き、まだこびりついている小麦の粉末まで回収しようという徹底ぶりである。

　ビューラー社の二つ目の重要課題は、食糧を汚染から守る安全対策である。製粉場で加工される穀粒の一粒一粒をカメラで捉え、チェックし、異状があれば弾き出すという、驚異的な技術を誇るソーテックス光選別機（Sortex シリーズの名称）はビューラー社の製品だ。麦角のような有害不純物の認識能力に優れているだけではなく、それをピンポイントで狙って排除するという技を、ほかの健康な麦粒をほとんど犠牲にすることなくやりのけてしまう。このパラメータの精巧な設定機能は、新しい種類の不純物を認識するための、カメラコントロール機能と同様、重要な進化だといえよう。

　食糧の安全管理がますます徹底されるなか、西欧諸国でときには想定外のことが報告される場合もある。近頃問題になっているのは、微生物による小麦粉への影響だ。その微生物が焼成の熱を生き延びることはないため、焼きあがった製品ならば健康を害する心配はいらない。ただ、最近懸念されているのは、パン生地を生のままで食する人々が増えてきていることだ。それも、まだ焼いていないクッキーの生地をときどきつまむという程度ではなく、本来は焼いて食するために生産されている、まだ生の状態の製品をわざわざそのまま食べるために購入する消費者がいるのである。パッケージには当然ながらそれをしないようにとの警告が記載されているが、どうやら意に介さない人々がいるらしい。

機械が専門職を代替

ビューラー社の製造現場は、構造的にも細部においても、クラース社の農機製造で見てきたものと多くの共通点がある。レーザー裁断、打ち抜き、溶接や板金パーツの塗装といった大がかりで労力のかかるルーチンワークは、可能な限り自動化されている。そして、機械による下ごしらえが済んだ各パーツが組み立てコンベアに運ばれると、そこではやはり大半がまだ手作業だ。

こうした作業工程の構成は、ビューラー社ではクラース社よりもさらに多くの機種とバリエーションを取り扱い、個々に異なる機械を製造している事情を反映している。ビューラー社でなら、ローラーミルを単品で、あるいは畑に製粉所を建てようと思えば製粉設備一式すべてを揃えて購入することも可能だ。ビューラー製の製粉機は最小のものでも、一日に三〇から五〇トンの穀物を処理できるが、効率のよさでいえば、一日に二〇〇トン以上をこなせる製粉機が妥当だろう。

大型の設備なら一日一〇〇〇トン可能で、必要に応じていくつかの製粉機を組み合わせることもできる。

当然ながら、サイズ、機種、容量において様々に異なる機械部分が組み立てコンベアに載る。ビューラー社は、いまどきの製粉工場での製粉プログラミングに不可欠な、コンピュータ制御システムも製造している。大きな製造ホールの一つでは、主に女性従業員たちが、ポスター大のケーブル設計図を見ながらスイッチキャビネットを作っていた。顧客の要望や注文に合わせ、社内の設計部がセンサー、エンジンオペレーターやスイッチの配置を設計したものだ。

製粉機、パイプ、運搬用ベルトコンベアや充填マシンとともに、オペレーションシステム機が大きな木箱に梱包され、顧客の製粉場へと――海外なら船便で――出荷される。現地では、ビューラー社のエンジニアや技術者たちが複雑で高度な製品を組み立て、稼働させる。そのために、このスイスの家族経営企業は世界各地に拠点を持ち、現地のプロジェクトに取り組む。興味深いのは、各国のマーケットによって、製品開発に求められる基準が異なる点だ。欧米の製粉業では、移り変わりの激しい消費者トレンドにすぐに対応できるように、なによりも柔軟性の高さを機械設備に求めるのに対し、中国ではとにかく処理能力の大きさが最重視され、標準装備はほんのわずかで十分であるらしい。

ビューラー社は同時に、専門職の人員の占める割合をさらに縮小しようとする取り組みも行なっている。ますます機能と知能が高度化するセンサー、進化しつづける制御技術などによって、製粉場の夜勤も、いずれは資格を有する製粉技師によらなくても任務が勤まるようになるだろう。

粉砕プロセスにおけるローラーの設定やその他のパラメータも自動的に微調整が行なわれるようになれば、たいていは一度プログラミングされたプロセスの手順でルーチン化した操作が定着していることから、経験の浅い従業員でも制御できるようになるはずだ。

意外にもビューラー社は、まだ多くの人員を必要とする「品質管理」の部門でこそ、自動化を進めていく方針だという。次のステップとして、特定の小麦粉成分を完全自動で分析するシステムを、パイプシステムの中に直接組み込んでしまう方式が考えられる。全自動の分光計が通過する小麦粉を一定間隔でサンプル抽出し、人の手を煩わせることなく成分を分析するのである。

大規模な製粉場には研究室(ラボ)が欠かせないように、ビューラー社にもやはり大きな研究部門がある。数フロアにわたる研究部門では数十人の研究員、食品技術者や生物学者らが働いている。ここでは、大製粉場で見かける様々な大掛かりな測定器よりもさらに大型の測定器設備が並んで圧巻だ。分析されるのは、自社で開発した新型モデルの機械の粉砕結果ばかりではない。顧客もサンプルをここへ送り、使用している製粉機の設定を最適化するために鑑定を依頼するのである。

もう一つの大きな事業分野は、顧客と共同で取り組む製品開発である。専用のホールにはあらゆる実験に使用できる機械が一通りそろっている。シリアルメーカーは、ここでじかに新しい機種や既存の設備に革新的な設定を行なってみることで、シリアルの新しいバリエーションを生産できるかどうか試せるわけである。

顧客がこうした実験を行なえるホールと、やはり自社の新機種開発のために隔離されたスペースのほかに、もう一つホールがあり、そこでは定番とされる製品の最新機種がすべて、デモンストレーションやお試し用に展示されている。実際に見たいという顧客は、ここでたとえば、船からの荷揚げシステムがどのように機能し、制御されるのか、あるいは製粉の自動充填システムがどのように構成されているのか、確かめることができる。

老舗メーカーの柔軟性と雇用

スイスのこの家族経営企業で注目すべきなのは、従業員との関係だろう。ビューラー社はこの地方における最大の雇用主であり、その規模も断トツだ。そして、地元に充実した職業教育プログラムがあるおかげで、ふさわしい技能や資格をもった人材が将来の働き手の予備軍として着実に育成される。ビューラー社の後進を育てる取り組みは、ドイツ語圏ではよく知られた職業訓練の「デュアルシステム」という、実地訓練と職業学校を組み合わせた教育制度である。大きな拠点のある海外へもこの制度をそのまま輸出している。

企業のいくつかの業務部門は通常、どうしても時代の変化のあおりを受けてしまう厳しい現実があるにもかかわらず、ビューラー社で尋ねた従業員の一人として会社の都合で解雇に至ったケースを思い出せないという。この会社の家長であり、この企業のトップであるウルス・フェリックス・ビューラー氏〔二〇一四年にCEOから退いている〕――製粉技師だった曽祖父が創業者である――は、従業員が一堂に会する総会の際には、スタンディングオベーションで迎えられる。ビューラー社の理念は、ある部門での自動化や合理化で人手が浮くと、その分新たな事業分野を開拓するという伝統スタイルに反映されているといえよう。

他社の買収や、独自に繰り広げた展開によってビューラー社は早くから穀物製粉業以外の分野へも参入を成功させている。高精度の粉砕、混合、配合やブレンドの手法を熟知しているこの企業はチョコレートの生産も手がけている。チョコレートの品質は、ココアとその他の原料の粉砕精度で決まり、舌の上でとろけるようにクリーミーな食感は、原材料がきめ細やかに粉砕され、均等にミックスされていないと得られない。粉砕が粗いと、食感もそれなりに砂っぽくザラザラしてしまうのだ。

チョコレート生産用にも、ビューラー社には衛生上の理由から密閉度の高いテスト設備があるが、そこから漏れ出るチョコレートとバニラの香ばしさは魅惑的だ。そのとなりに建つのはやはり生産マシン用のテストおよびデモンストレーション設備で、そこの製品ラインではパスタや麺類、そしてありとあらゆる形状のシリアルを作っている。いまどきのシリアルは、派手でカラフルな円形をしていたり、空想的な商品名が付けられていたりなど、現代の多様な嗜好に合わせた朝食のバリエーションを垣間見ることができる。そしてビューラー社は、古株のエンジニアたちが苦笑しながら首をかしげるような製品でも、顧客からの要望には当然ながらきっちりと応じて生産する。

機械での生産工程がチョコレートやパスタ、小麦粉と類似しているのは顔料や塗料のミクシングである。この分野にもビューラー社は進出しており、なかでもとくに専門的でニッチな製品である機械用塗料およびシルバーペーストに関してはマーケットリーダーにまで登りつめた。一つ先のホールでは、複雑な形状の金属パーツ製造用の鋳造《ちゅうぞう》（ダイカスト）設備がある。メカニズム的にはシリアル生産用のエクストルーダーと共通する部分があるが、その規模はまったく異なる。一軒家ほどの巨大サイズの自動フライス盤では、小型車くらいのサイズの鉄鋼パーツからダイカストマシン用の基部がつくりあげられる。

液体化したアルミニウムが太ももほどのシリンダーによって素早く型に圧入される際には、強大な力が働くため、アルミニウムが冷えて固まる前にはどんなに細かく複雑な成型もきれいに完成する。エンジン用の金属ブロックも、かつては一つの塊から大掛かりにフライスして成型していたものが、このマシンで一気に鋳造することが可能になった。ホールの片端では、技術者のグループが二台の新しい自動ダイカストマシンを某大手自動車メーカー用に試運転するのを監視し、その一〇〇メートル先の自動大型ロータリーベース（旋盤）では、ローラーミル用のローラーが、取り寄せた鉄鋼半製品で精巧に巻かれ、つぎのダイカストマシン用の押し型が作られる。

一見、分野的にかけ離れた製品を取り扱っているようでも、実はそれらに共通性を見出している点にこの企業の姿勢を見いだすことができる。重要なのは、機械のなかでもとくに高価なパーツの製造に関しては、いつも決まったマシンで同じ専門の従業員が担当して手がけていることだ。おびただしい製品数に加え、各パーツのバリエーションの豊富さゆえに、フライスマシンや旋盤のオペレーターは極めて高度な専門知識と柔軟性を持っていなければ務まらない。他の部門でいつも同じ型のパーツを製造するだけでいい従業員たちとはそこが明らかに違う点だ。つまり、現場で製造機械のプログラミングをパーツの型が異なるごとに慎重に設定しなければならない。というのも、大量生産用のパーツならプログラミングの段階で試行錯誤を繰り返し、少しずつ微調整ができるのと違い、ごく限られた数しか作らないパーツでは、けっして失敗が許されないからだ。たとえば一トンもするローラーをナットやネジで完成させていく場合、原料が高価な一点ものであるだけにやり直しが利かず、細心の注意と正確さが求められる。

このように丁寧かつ大がかりに製造されたローラーミル、穀物加工機やパッケージングマシンをつかって生産する製粉場が製品を卸す先はどこもほとんど同じだ。すなわち、パン屋である。規模の大小にかかわらず、各パン屋には袋やサイロタンクローリーでオーダーミックスした小麦粉が納品される。どこであろうと最終的には共通の商品である、パンができあがる。そのパンが小麦粉からどのように作られ、パンの生産世界が機械化との関連でどのように移り変わっていったかを理解するために、つぎの訪問先としてパン屋の様子を紹介しよう。

第6章 パンが焼きあがるまで

洗練化・多様化の進むパンづくり

小麦を粉砕して小麦粉にしたら、今度は食用のパンにするため当然焼かなければならない。パン焼きの文化技術は歴史が長く、エジプトの初期のファラオたちの時代にもすでにパンを焼いていた史実が知られている。何千年も前、人類の祖先が小麦粉を水で混ぜ合わせたピタを一晩そのまま放置した。すると、酵母やバクテリアが発酵し、ピタ生地をふっくらと緩ませ、酸化させ、より消化しやすいピタが焼けあがったのだろう。単に平たいピタよりも、ふっくらと美味しいパンを焼くために、酵母を実際に毎回つかう習慣になったかどうか、またそうだとしたらどのくらいの期間そのようなことをしていたのか、という点については学説によって様々な見解に分かれる。ただ、ローマ人たちがビール酵母を知っていたことは確かだ。

パンを焼くプロセス自体は今日に至るまで基本的には変わっていないが、とくにパン大国であるドイツにおいて洗練化と多様化が大きく進んだ。世界のどこへ行ってもドイツほどパンの種類が多く、パン屋のアイディアが豊富な国はほかにないのではないだろうか。小麦粉、水、塩とさらには種類に応じて穀粒、ナッツ類、オイル、大豆、麦芽・モルトや人参などが、そのパン種に適したイースト菌や天然酵母と一緒にこねられ、パン生地がつくられる。パン屋の規模によって異なるが、近頃ではスパイラルミキサーと様々なサイズの容器を用い、一〇〇キロあるいはそれ以上のパン生地を強力な電動モーター式のフックでこねる。

ごく稀にだが、まだときおり見かける昔ながらの小さなパン屋には、その地方の小麦粉が、たいていの場合はすでにブレンド配合された状態で袋詰めされ納入されている。大規模なパン工場の場合は、タンクローリーで搬送され、小麦粉はサイロに空圧で送り込まれ、そこからパイプで納入するやり方だ。そして、穀粒の粉砕をまだ自分で行なうところもある中規模のパン屋は、大きな製粉場が持っているような粉砕機、サイロやパン生地生成器など一連の機械類を、いってみればミニチュアサイズで設置している。

パンが型に入るまでのパン生成の自動プロセスの違いは、一日に何千個ものパンを焼くようなパン工場、あるいはパン屋など、それぞれの規模の大きさによる。生地をこねるための大きな容器はキャスターつきで、作業ステーションの間を運搬しやすいようになっている。中間保管サイロの、小麦粉などの原材料が容器に投入される場所に設置されたデジタル計量器のおかげで、レシピ通りに正確な分量が守られる。パンづくりの手順とレシピ、そして当然ながら顧客の注文内容によって、作業ステップはおのずと決まってくる。

生地が一通りできたら、通常は発酵させるためにしばらくの間置いておかなければならない。パン工場では、これは専門の係である生地づくり職人の仕事だ。生地の入った容器を厚手のリンネルで覆い、発酵に適した温度に設定してある空間に運ぶ。伝統的なサワー生地は水とライ麦粉を混ぜ合わせたものだが、その場合は、発酵に何時間もかかり、途中で何度か小麦粉を足す「追加投入」も必要だ。パン工場で使用するスピードイースト菌や、短い発酵時間で済むために最適化された酵素（エンザイム）配合ならばもっと短時間で済む。パンの種類によっては、こねられたばかりの生地をすぐに直接、焼成用の型にいれられるものもある。それらは型の中やオーブンプレート上で膨れ上がるのである。

食パン用の型に生地を入れたり、丸いパン生地をオーブンプレートにのせていったりする工程における自動化のレベルの違いは、従来のパン屋と大型パン工場とでは歴然としている。伝統的な小さなパン屋では、生地の成形は手作業だ。中規模のパン屋では生地の入った容器ごと装置で持ち上げ、大きな漏斗《ろうと》を用いて中身を空にするが、漏斗の下にある機械が生地をポーショニングする、つまり標準サイズごとに分ける。それらがリンネルのコンベアを伝って作業台に落ち、そこで生地はこねられ、型に入れられる。つまり、ポーショニングとフォーミング(成型)を機械が部分的に担っていることになる。

こうした工程はパン工場では当然ながらとっくに自動化されている。とくに包装済みのパン製品の生産が主要なパン工場では、もはや従来の一キロ型フォームを焼成に使っていない。二メートルの長さの焼成用容器に、レールに沿って移動する漏斗システムで生地を流し込み、次の工程へと運ぶ。こうしてやたらに長い食パンは、消費者が好まない端の部分の頻度を減らすことになる。

パンの大量生産用のパン生地は、こねたり混ぜたり成型したりするマシンにこびりつかない性質でなければならず、常に同じ成分配合を保ち、ほぼすべての数値が規格化されていなければならない。大概、数多くの原材料や添加物が使用されているが、パッケージに包装されたパンと違い、ばら売りで販売されるパンには消費者向けの原材料の記載がなくてもいいとされているのは、たとえば、酵素〔エンザイム〕はパン種酵母やイースト菌と同様に、焼成してしまえば無害な成分に分解されるからである。したがってパン工場で作られるパンも、他に多くの添加物が投入されていても、原材料として「小麦粉、水、塩、酵母」と記すのみで十分とされる。

パン屋では、丸めた生地や食パン生地を手動でオーブンに入れるが、たいてい二〇枚あるいはそれ以上のオーブンプレートを――各プレートには成型されたパン生地が四、五個ずつ載っている――重ねたキャスター付きの台を用いる。複数段式のオーブンはいまでは通常、デジタル調整システムとセンサーがつき、事前に設定した順序に従って温度を一定時間保ち、自動で温度変更をする。これはパンをしっかり焼きながらも、求める中身の柔らかさと表面のこんがりした焼きあがりを得るために計算し尽くされた温度加減なのだ。

パン工場の規模となると、このように温度設定をきまった順序通りに変えていく焼成の工程を、べつの方法で行なう。幅が数メートルにおよぶ場合もあるコンベアに沿って、温度設定の異なるオーブンが連なり、コンベアに載って通過する生地を焼くのである。コンベアの進む速度は、パン生地がどの温度ゾーンでどれだけ長く焼かれるかによって決まる。ロールパンや堅焼きパンの生地は、このような設備のコンベア上で直接ポーショニングされる。必要な発酵プロセスは、生地が生産ラインの生暖かい温度ゾーンに一定時間留まることで行なわれるが、特別に培養された酵母、酵素ミックスや乳化剤のおかげで短時間で済む。ほかの産業用焼成システムでは、巨大なオーブンプレートが下で、コンベアに載ってオーブンに運び込まれ、そのままオーブン内でゆっくりと上昇し、上に到達すると焼きあがったプレートごと自動的に外へ運び出され、下からまたつぎのプレートがコンベアに載せられる、という方式もある。また掃除マシンが自動的にオーブンプレートをきれいに掃除する。

「焼くだけ」パンを可能にした変革

昔ながらの焼成の文化技術といまやかなりかけ離れてしまったのが、半既製品として生産されているタイプで、パン屋やパン工場の生産ラインで焼きあげるのではなく、オーブンしか置いてない店やガソリンスタンド〔ドイツでは、店の営業時間を制限する「閉店法」の対象外となるガソリンスタンドの売店が、日本のコンビニのような役割を果たしている〕などで焼いて販売されるパンだ。基本的には、生地の生成と焼成を切り分けた手法で、工場でつくられた「パン生地」は販売する先の対流式オーブン〔ファンで熱を循環させて効率よく焼くオーブン〕で焼成される。つまり、半既製品のパンは生地の状態、あるいは少しだけ焼いてから冷凍され、トラックでの複雑な物流を経て、対流式オーブンに届くのである。

このような冷凍の半既製品は東欧で製造されていることが少なくない。というのは、東欧諸国では人件費がまだ低いため、たとえばプレッツエルを並べるための高性能の機械がまだない場合でも、人の手で生地を成形できるからだ。そうしたパン工場での機械化は、ちょうど機械の導入コストが高すぎる部分のみを人手で補っている。

いわゆる“Backshop”、すなわち「焼くだけ」系の店では、従業員がパン生地を納品ケースから取り出し、店の電気オーブンに入れるだけでいい。解凍や焼き上げの温度調整はデジタル制御されたオーブンが勝手にやってくれる。担当従業員はパン焼成の知識を学ぶ必要もなく、パッケージやマニュアルに書かれたとおりの焼成プログラムを選ぶのみ。最新モデルのオーブンなら、焼くパン製品のバーコードを、オーブンについているスキャナーで読み取るだけですむようになっているくらいだ。オーブンが自動的に正しいプログラムを選び、人為的なミスを発生させる余地さえなくしている。

このような「焼くだけ」パン屋の店舗数はここ数年で飛躍的に増えた。この方式が問題なく機能するための前提となったのは、酵素や添加物の研究開発が進み、駅前パン屋の焼き上げ用オーブンでも商品として魅力的な見栄えと香りのするパンを冷凍生地から焼きあげられるようになったことだ。ドイツのパン業界全体が現在大きな変革を遂げていることが、この展開に拍車をかけた部分もあるだろう。

街角の小さなパン屋でも数年前まで善戦していたのは、パン工場で大量生産されたパンがどれだけ安価であろうと、やはり商品として味覚的に劣っていたからである。だから小さなパン屋も勝負することができ、ある程度生き残ってこられたのだが、「焼くだけ」系パン屋チェーンの急成長とともに、伝統的な街角のパン屋が軒並《のきな》みつぶれ始めた。というのも、冷凍の焼き上げパンでも味のレベルが上がり、種類を豊富に取り揃えられるようになったからだ。

チェーン店を数十店ももつパン屋でも、あまり需要は高くなくても店に並べておきたいようなパンの種類なら、冷凍の半既製品を使用する。そして近頃では工場で生産される安価なパンと手づくりのパンの品質の差がかなり縮まってきたため、結局は値段が消費者にとって購入の決め手となる。いくら手づくりパンのほうが味では勝っていても、手づくりの手間と限られた生産個数のため、競争ではどうしても不利になってしまう。消費者にとって、価格と提供される種類の豊富さは、重要な判断基準になるからだ。

オーガニック系パンの最前線

しかし、半既製生地を「焼くだけ」のものと、ベルリンの伝統的なパン屋である「メルキシェス・ラントブロート」(Märkisches Landbrot)の職人的な焼成法とでは、これ以上ないくらいの違いがある。この店は有機栽培(オーガニック)系のパンしか作っておらず、ドイツの厳格な有機認証(製品が正真正銘の「有機栽培」であることを示す認証マーク。これを取得するためにはいくつもの厳格な基準をクリアしなければならない)の中でも最も基準が厳しいとされるデメター(Demeter)認証を取得している。ここで作られるパンには添加物を一切使用せず、原料も有機認証の基準を満たしている農作物しかつかわない。それに、まだ薪窯《まきがま》で焼くこともあるのが自慢だ。毎日七〇〇〇から九〇〇〇個のパンを注文に応じて作り、配達型パン屋として、オーガニック系専門店、幼稚園・保育園、学校などだけではなく、大口顧客にも直接届ける。

オーガニック系パン業界は、いってみればそれ以外のパン産業と共存しているといっていいだろう。有機栽培を実践してデメターの認証を受けている農家の穀物は、従来の市場相場の三倍もの取引値がつく。にもかかわらず、パンとなって消費者に販売される段階には、それが価格にほとんど影響しない。いちばんコストがかかるのは、エネルギー代と人件費。とくにオーガニック系パン屋では、従業員に平均以上の賃金を支払うという。

「メルキシェス・ラントブロート」では、二〇名のパン職人とさらに二七名の従業員が原料の仕入れやパンの販売、機械設備のメンテナンス、配達・納品やオーダー準備をこなす。ただでさえ値段的には贅沢品の部類に近いオーガニック系パンが、一般のパン市場からさらにかけ離れた存在にならないよう、そしてオーガニック製品市場の急成長に対応できるよう、このストイックなパン屋でもコンピュータの助けを借りている。使用しているミルは昔ながらの丸い石臼が木製の台枠で回転するタイプなので、低い温度で粉砕されることになる。だが、ミルの制御のほうは、大型製粉場と同じようなモダンな設備が行なう。新型のオーブンも、レシピ通りの計量器もコンピュータ制御だ。

焼きあがったパンを配達に出すまえに、オーダーピッキングといって各顧客が様々な注文をした内容に合わせて正確な個数や種類を取り出し、カートにそろえ集めなければならない。この手間のかかる仕分けと分類作業をコンピュータが手助けする。もともとオランダの花屋で使用されていたこのシステムは、各棚の上の小さなディスプレイに顧客名とその注文内容のピッキング完成度が表示されるようになっている。焼成所で、ある種類のパンが焼きあがると——オーブンのキャパシティに限界があるため、同時に何種類も焼けるのではなく、毎回一種類ずつのみ可能だ——ピッキング担当者はその製品番号を打ち込む。するとカートの上のディスプレイに、その種類のパンがいくつそこにピッキングされるべきか、表示して知らせてくれる仕組みだ。時間の節約、生産性のアップ、そしてなによりもミスの低下は、この極めてシンプルなパン屋にとって大きな意味を持つ。おかげでもともとこなせる分量よりも三〇パーセント多くの注文数を、人員を増やさずに処理することができるのである。

オーガニック系パン業界は、パン業界全体から見れば総合流通量のわずか数パーセントの割合しか占めていない。半既製品を使用する「焼くだけ」パン屋の登場は、かつて技術革新の波に乗って勝者となった完全自動制御の大型パン工場にさえも苦戦を強いるほどの変革を業界全体にもたらしている。つまり、コンピュータや機械の進化ばかりが労働現場を変え、専門の職種でさえも消滅させてしまうのではなく、むしろ予想外の分野での進化がそれを引き起こす場合もある、ということだ。今回見てきた例のように、バイオテクノロジーの研究において、新しい酵素や添加物が開発され、冷凍パン生地からまるで手づくり同様のパンを焼きあげられるようになったのだから。そして、そうしたパン生地を生産する工場も、パン生地づくりとその包装だけに取り組んでいればいいわけではなく、パン生地のレシピを考案するパン職人が必要なのである。

第7章

無人化が進むロジスティクス

――始まった技術革命

ジャストインタイムの調達

パンが消費者に、小麦粉がパン屋に、種子と農薬が農家に、そして代替部品がコンバインハーベスターの操縦者の手元に届くまでに、いくつもの運送の段階を経てきており、そのプロセスは大きく分けて運送と倉庫管理に分類される。

かつて工場などで倉庫は、管理および人員コストの面でも、あるいは面積の面でも、かなり大きな割合を占めていた。倉庫の管理や運送に関わる労働者はたいていの場合とくに専門能力を必要とせず、手押し車やフォークリフトで、発注書に記載された商品を探し、正しい受取人に届けるか、あるいは単に正しい棚に仕分けするだけで十分務まったものだ。

いまどきの倉庫は高度な自動化とハイテクを駆使した設備であり、ソフトウエア、コンピュータとロボットが連携して人間よりもはるかに重要な役割を担うようになった。とはいえ、大都市のスーパーマーケットチェーンの倉庫であれば、ロジスティクス上こなさなければならない仕事量はとてつもない。そのため高度な連携作業についても、まずは仕組みを理解するべきだろう。

現代式の倉庫は、いくつもの機能が互いに連動している。製造工場の倉庫であれば、できあがった製品が出荷される前にいったん受け取って保管するところであり、また、製造に必要な原料や中間製品をストックしておく場所でもある。ただ傾向としては、両方の倉庫領域をなるべく小さくしておき、とくに原料ストックを極力抑えるようになってきている。

コンセプトは「ジャストインタイム」といって、材料や部品をちょうど必要とするタイミングで届ける、という仕組みだ。実際には、中間製品のメーカーや調達先が自分のところで、あるいは専門のロジスティクス倉庫で管理し、顧客から発注があり次第――たとえば自動車メーカーがタイヤをオーダーした場合――すぐに対応できる体制にしておかなければならない、ということを意味する。人によってはジャストインタイムコンセプトのことを、現実に合わせて「アウトオブストック」（在庫なし）と言い換えるべきだ、という意見もある。というのも、部品や材料は倉庫にあるのではなく、まずは調達されなければならないからだ。

一つの完成品のために、それに関わる各企業のプロセスが密接に連携し合い、自動車メーカー側のロジスティクスシステムが、ハンドルの需要が一週間後に生じることを予測すると、ハンドルメーカーでその発注が生産ラインに伝わるようになっている。だが、様々に関係する工場、すなわちいわゆるサプライチェーンでは、互いに連携する製造過程で問題や支障が生じがちなため、多くの業界分野ではまったく在庫を持たない、という体制からまた回帰する傾向にあるそうだ。それでも産業界の倉庫の大半は、じつは思いがけないところにあったりする。部品や原材料を運搬するためにヨーロッパ中を走り回っているトラック、つまり路上である。

たとえば缶詰パン（保存パン）が製品としてできあがると、それはまずパン工場の出荷用倉庫のユーロパレットに、何百あるいは何千個の同じ製品といっしょに載せられる。大量製品の貨物単位は基本的にユーロパレットだからだ。パレットの規格サイズは厳密に一二〇〇・八〇〇・一四四ミリと決められているため、比較的問題なくべつのパレットとの取り替えがきく。

だが欧州連合圏外への輸出となると、通常の長距離用の大型船コンテナの空間をむだなくつかいたいところでも、なぜかここでユーロパレットの規格が通用しない。コンテナ船のサイズは、米国の影響を強く受けた異なる国際規格になっているからだ。ユーロパレットは基本的にヨーロッパのトラックや鉄道貨物に合わせた標準規格である。もちろんユーロパレットに合うコンテナ船もあるが、これらは欧州連合内の水運貨物に限定される。

必然的に、製品貨物を異なるパレットサイズに移し変えることもロジスティクス倉庫の業務となる。輸入や輸出の際、すなわちさまざまな運送システム規格が交差するポイントで、税関処理や必要に応じて輸送製品の品質や有害物検査を実施しなければならないわけだが、これも輸送ロジスティクスの典型的な業務だ。

製品輸送のために規格化されたパレットの導入、地価の上昇、そして多数の製品を迅速に出荷する体制へのニーズの高まりによって、フォークリフト運転者たちの仕事の需要は減少していった。はじめはパレット管理のために倉庫の棚をより高くし、それに応じてより高いところに届くフォークリフトを使うことで対応していた。

だが、近年は最初から自動化された高層式の大型倉庫を建てる。たいてい、工場や製造ホールのすぐ隣にある窓のない四角い建物なので、見分けがつきやすい。そうした建物は基本的に最高四〇メートルもの高さの鉄骨製の棚で組み立てられており、その間をパレットの幅より少しだけ広い通路が通っている。この通路を、いわゆるスタッカークレーン（自動倉庫に荷物を格納・搬出する装置）が行ったり来たりするのだが、その移動のために床と天井に沿って太いアルミ製のレールが設置されている。

スタッカークレーンというと少し古めかしい響きかもしれないが、実際には先端技術が駆使されている。レールに沿って自動で動くミニ・フォークリフトは通路の両側にそびえる棚へ、右にも左にもパレットを入れたり出したりできる。たいてい高層棚の二列おきにそのような通路があり、スタッカークレーンは倉庫の端から端まで横にも縦にも自在に動くことができるおかげで、必要に応じてパレットを格納できる。

便利な「ブラックボックス」

こうした自動倉庫の圧倒的なスケールの大きさには息を呑む。数千単位のパレット収容キャパシティなどあたりまえ、一万、二万のパレット管理だって可能だ。四〇メートルの高さの棚で満たされたサッカー場を想像してみてほしい。それが、一般的な大型高層式倉庫の規模なのだから。これよりも規模の小さな倉庫は比較的大きな工場や、パレット管理できるあらゆる製品を取り扱うロジスティクスセンターなどでも使用されている。

パレットを自動倉庫に入れる前に、かならず製品ごとストレッチフィルムで巻くのは、スタッカークレーンが動く勢いで落下するのを防止するためだ。三〇メートルの高さで荷崩れを起こして設備に引っかかりでもしたら、大きな損害を被る。また、貨物を入荷する際には、バーコードシールが同時に貼られているため、どのパレットかを正確に特定できるようにしてある。

スタッカーがパレットをどこかずっと上のほうに格納するために移動するスピードはとても緩

やかとはいい難い。倉庫の自動格納ゾーンの周りに柵が設けられ、立ち入り禁止となっているのも安全上の観点から見て当然のことだろう。格納と搬出の制御はソフトウェア、倉庫管理システムが行ない、プログラムで設定された基準に従ってどこにどのパレットを格納するかが決まる。

最も簡単な基準としては、いちばん近くの空いている棚スペースを選ぶことだろう。もう少し複雑になると、搬出の頻度も計算に入れ、頻繁に必要とされる製品パレットを端に近いほうに配置すれば、スタッカークレーンがそのたびに取りに往復する時間が節約される。また、重量を考慮する場合もある。たとえば小麦粉のように重い製品は、なるべく一カ所に集中しないように分散したり、あるいはあまり高いところに格納したりしないように設定する。というのも、倉庫の棚はシンプルな構造で作られていることが多く、いちばん端の棚の格子部分は、外側の壁に留《と》めてあるのみだからだ。

どの製品がどこにあるか、所在を教えてくれるのは倉庫のデータバンクだ。コンピュータシステムなしでは倉庫は作動しないので、メンテナンスも極力短時間に済ませなければならない。いざというときのために、パレットをコンピュータなしの手動操作でも取り出せるようになっているが、時間と手間がかかりすぎてしまう。

すべてのパレットに貼ってあるバーコードのおかげで、データバンクを調べれば荷の中身と倉庫内での所在がわかるようになっている。倉庫管理の操作ステップを進めていくたびに、毎回このバーコードがスキャンされるので、いつでもパレットがどこにあるか把握できる。つまりどのパレットも電子情報として管理履歴が保存されているということだ。ボタン一つで在庫確認ができ、倉庫管理ソフトが在庫の有無や品質保持期限、調達先と顧客、発注元、倉庫に格納した日時、各製品のこれまでの出庫頻度について詳細情報を示す。

パレットに載せて在庫管理するほどの量もスペースも必要としない製品用にも、小サイズの自動倉庫があるが、やはり同じシステムで機能する。パレットの代わりに小型のプラスチックボックスを用い、それに合わせて棚も通路もスタッカークレーンもサイズが小さい。あるボックスの品が必要とされるとき、そのボックスごと梱包作業場に運ばれ、必要なパーツを取り出すとボックスがふたたび倉庫に戻る仕組みだ。

このような自動倉庫では、製品が出入りする場所でのみ人が働いている。彼らにとってこの完全自動倉庫は、得体の知れないブラックボックスのようでありながら、必要が生じればちゃんと正しいパレットや箱をコンベアに差し出してくれる便利な存在だ。

無人フォークリフトの導入

製造業界ではすでに高層式倉庫の導入による技術革命が起こっていたが、商品発送業界ではまだ始まったばかりだ。これまで小規模だが数多くの商品を扱う倉庫や物流拠点では、まだ手作業による仕事の多いシステムをつかっていた。商品は長い棚の列に配置されていて、その棚の間をピッキング作業員が歩いて回らなければならなかった。倉庫の方式によっては作業員がパッケージを載せた台車を押し、コンピュータで打ち出された梱包リストに従って商品を取り揃えた。また他の作業員は、新しく入荷した商品を載せたパレットもしくはカートを同じ棚の間で押して歩き、該当する棚に商品をしまう。

また別の方式では、いわゆるピックワーカーが早足で棚の間を歩き、同じパッケージに入れるべき二、三の商品をつかむと作業台に戻って箱詰めし、つぎの商品をそろえるためにまた棚へ向かう。こうした作業法は多少のちがいはあるものの、いまでもまだ多く見かける。アマゾン(Amazon)をはじめとするオンライン通販業、機械部品サプライヤーなど、比較的軽量でサイズの小さい商品が扱われる物流拠点である。

このように煩雑だった作業の大半を不要にするテクノロジーの革新は、今まさに進行中だ。その中心的役割を果たすのが無人搬送車(Automated guided vehicles)で、このロボットはサイズからつくりに至るまで実に多種多様だ。自動車メーカーや鉄鋼業の製造分野でも、その先駆けとなるタイプが何年も前から使用されており、車両やエンジン部分などを工場内で移動させるときに活躍した。そして、倉庫でよく使用される典型的な搬送車タイプは無人フォークリフトだろう。

無人フォークリフトは人が操縦するフォークリフトと同じ仕事をする。製品の載ったパレットをはじめから決められていた場所から取り出し、違うところへ運んでそこに置く。中央倉庫管理システムが、必要なパレットのある場所を特定し、フォークリフトを制御する。バーコードなどの認証ラベルで、正しい製品であることをさらに確認すると、無人フォークリフトはパレットを配送ドックに運び、そこでパレットが荷ほどきされると中の製品はピッキング倉庫の棚に分けられるか、トラックに積まれる。

無人フォークリフトの購入は、倉庫全体かある程度の部分が使用に適したシステムになっていないと採算が取れない。というのも、フォークリフトロボットが支障なく機能するためには、パレットが正確な位置と角度で、一定のルールに従って重ねてあることが必須要件だからだ。この徹底したルールと秩序は、パレットが五〇センチほど定位置からずれていようと大した問題にはならない人間の働き方とは相入れない。

さらにロボット車は、衝突を避けるため、他のロボット車が倉庫のどこにいるのか、常に情報を必要とする。したがって無人フォークリフトと有人フォークリフトが混合で作業をすると、結果として高くつく問題や危険をはらんでいるのである。人間がこの仕事をする場合、パレット探しの場所を誤ったり、その場所へ向かう際に想定外の非効率なルートを選んだり、パレットを倉庫管理システムが指定した場所ではあってもいいかげんに置いたり、ちょうど急ぎの仕事があると猛スピードでクラクションを鳴らしながら車を走らせたりする。つまり、人間は予測のつかない、不確実な生き物なのだ。

したがって、人と機械とが混合で作業する倉庫は、ロボットが作業するスペースと人が作業するスペースとを明確に線引きし、その間でパレットの受け渡しをするように設計されている。とはいえ、自動化された倉庫内に人が立ち入ることは可能だ。無人フォークリフトについたレーザーセンサーが障害物を認識し、衝突を避けるためにブレーキをかける。また危険度を低下させるためにロボットはパレットを載せたフォークを、有人フォークリフトとは逆に、後ろ向きにして走る。そして感知センサーはリフトの本体、つまりエンジンとバッテリーと制御コンピュータのすぐそばについているのである。

無人フォークリフトの走行するルートは、床に記されたカラー付きのラインと、床から発信される位置情報、棚やパレットに貼られたバーコードや電波を発信する札、あるいは衛星GPSと似た機能でホールや建物内でのみ同じように作動する電波式の位置情報システムによって決まる。それ以外にもロボットにはレーザースキャナー、加速センサーとデジタル方位計が搭載されている。

無線LANネットワークを通し、倉庫管理ソフトから注文が運搬ロボットに届くと、その商品の位置情報だけでなく、エンジンの故障や指定の場所にパレットが置いてない場合などのトラブルも知らせる。そうした無人フォークリフトが作動している倉庫では、人員を七割も減らすことができるという。残りの従業員は倉庫管理の運営上の業務や、配置と容量のプランニング、そしてロボットのメンテナンスに従事することになる。ただ、複雑な操作が必要となる場合、たとえばトラックの積荷の揚げ下ろしの際や、パレットの荷が開いてしまっていたり、破損していたり、パレットごと倒れてしまったりするような、想定外の状況やシステムに乱れが生じた時などに備え、少人数のフォークリフト作業員や倉庫従業員が雇われている。

呼び出される棚たち

通常の消費者は、製品がパレットごとに配達されるスーパーと違って、小包に梱包された状態で自宅に送り届けてもらう。この、顧客のために品物をそろえて梱包する最後の作業ステップも徐々に人手から解放されつつある。従来、商品の取りそろえ作業は、パレットから荷ほどきされて棚に並べられた商品のところへ急ぐピックワーカーの仕事だった。だが最近はここでも人員が減っている。パッケージの梱包は、顧客に商品を届けるまでのサプライチェーンの中でも――お客がディスカウントショップでパレットから牛乳を一本、あるいは棚からパンを買って家に持ち帰るよりも――コストがはるかに高くつく仕事だ。それでもネット通販業者には、競争相手である店舗や専門業者よりも安くなければならないというプレッシャーがかかる。

顧客一人ひとりのためにパッケージを詰めるという、サプライチェーンの中でも割高な作業のコストを削るため、ここでも機械化が求められる。だが、何千もの商品からどうやってロボットが正しい棚を見つけ、該当する商品を取り出し、集め、むだのない順番でパッケージに入れられるというのだろう？　そのハードルは高い。極めて多様な形状をした商品、しかもその硬さもまちまちで決してつかみやすいとは限らないモノたちを、どうやったら安全かつ確実に、手早くつかめるかは、ロボット工学においてまだ解決されていない問題なのだ。

しかし、画期的なアイディアにより、道は開かれた。人が棚へ行くのではなく、棚が人のところへ来ればいいのではないだろうか？　このアイディアのパイオニアとなったのは米国のキバ・システムズ（Kiva Systems）という会社で、数年前にアマゾンに買収された〔現在はアマゾン・ロボティクス（Amazon Robotics）〕。キバ社のシステムは三つの要素から成る。倉庫管理のすべてを一手に引き受けるソフトウェア、最下段が床から膝の高さほどの可動式の棚、そして、象のためのホッケーパック〔アイスホッケーで用いられるゴム製の円盤〕のようなサイズで、目立つオレンジ色をした運搬ロボットである。そのロボットたちは棚の下をくぐり抜けて走り、求める商品のある棚にたどり着く。そこでロボットは本体の中心から上に向かって太い柱をねじり上げていき、棚ごとそれで持ち上げて上に載せる。それからロボットは、棚が勢いで倒れてしまわないように初めはゆっくりと、だがやがてけっこうなスピードで倉庫の中を駆け抜ける。目的地は箱詰めを行なう梱包作業場である。

そこでは数少ない倉庫担当の従業員が、梱包中のパッケージの列の前に立っている。隣にはコンピュータで事前に算出され、そこへ呼び出された棚たちが列を作って並び、それらの棚の段のなかにはそのパッケージに入れるべき商品が入っている。頭上にあるレーザーが、運ばれてきた棚のどの段に求める商品があるのかを赤い光線ポイントで示す。そこから先の作業は単純だ。ロボットが運んできた商品を取り出し、まるでスーパーのレジと同じようにバーコードをスキャンしてからパッケージに入れるだけでいい。

パッケージはその後、ベルトコンベアに載せられる。ほかの倉庫では、出荷するパッケージもロボットで運ぶ棚に載せている場合もある。梱包済みのいくつものパッケージを載せた棚は、発送ゾーンへと運ばれ、梱包材や配達先などが加えられる。

ロボットが棚を運ぶ方式だと、人間にくらべて四倍の分量を処理できるのがキバ社の売りだ。残る効率最適化の目標としては、作業員らが労働力を九九パーセント発揮することだ。毎時間、人件費がかかるのだから。これが現場で何を意味するかというと、作業員がパッケージの梱包を一つ終え、それをコンピュータ画面で確認してから顔をあげるたびに、すぐ隣にはもう次のパッケージ用にロボットが運んできた棚たちが小さな列を作って待っていることになる。まさに息をつく暇もなく、正規の休憩時間以外には休めない、ということである。

最適化し続けるアルゴリズム

倉庫で働くロボットたちが最適な方法で機能するために、たくさんの小さな計算から成るアルゴリズムが集約されている。その際には数多くの要素と目的を考慮しなければならない。パッケージを梱包する作業員たちをなるべく最大限に活用すること。商品が出荷するまで、ロボットたちは機械の摩耗と時間を節約するために、最短距離のルートを選ばなければならないということ。同時に、受注の処理の優先順位にも注意すること、などである。

アルゴリズムの構成上、ピッキングの頻度が高い棚は梱包作業場の近いところに配置されるようになっている。逆に出庫頻度の低い商品はより遠くの位置へと戻される。よくいっしょに注文される商品は同じ棚に入れられ、ロボットが一度で効率良く運搬できるようにする。もともとこれらのことは倉庫管理において実践されてきたことだが、現在ではそれが常に最適化され続けている、という点が異なる。つまり、発送される商品内容が移り変わっていけば、その変化に応じて棚の配置システムも移り変わっていく。そういう意味では、倉庫には決まった秩序も配置システムももはやないといっていいだろう。どの商品がどの棚にあるのか、唯一把握しているのは倉庫のデータバンクで、その棚の所在をリアルタイムで教えてくれる。

棚の商品の補給は通常、倉庫ホールとパレット倉庫の境界にあたるところで行なわれる。ここでは棚を運搬するロボットたちが列を作り、商品が補給されるのを待つ。従業員たちがパレットに積まれた、あるいは大きな段ボールにつめられた商品を荷ほどきし、小さな箱に入った商品を棚の段に仕分け、ポータブルなコンピュータとバーコードスキャナーを用いてどの段にいくつの商品を入れたかを記録する。これにより倉庫データバンクはどの商品が何個、倉庫のどこにあるのか、最新の情報を得られる。棚が十分に補給されるとホッケーパックのような運搬ロボットが動き出し、指定された場所へと棚を運ぶ。

倉庫の構造によって、倉庫管理戦略も異なる。基準となるのは、どこにどれだけの梱包作業場があり、出庫容量はどれくらいで、容量の大きな荷を扱うほかのパレット倉庫からの受け取り箇所はどこにあり、シーズンごとに需要が変化する商品の割合はどれくらいか、といった点だ。これらの情報やデータに合わせた最適化は、その精密さにおいてどんどん研ぎ澄まされていく。受注したばかりでまだ出庫準備を始めていない商品の情報も、棚の配置に反映させることで、その注文が処理される頃には運搬ロボットの移動距離が短くて済むようになっている。

つまり、棚の配置はシステムによってきっちりとあらかじめ決められているわけではなく、ロボットと管理システムが昆虫の大群のように流動的な動き方をするのである。たとえばある決まった棚に関して、管理システムが、その棚を梱包作業場からどの距離範囲内に置くべきか、大まかな指示を出す。だが具体的にどこに配置するかは、ロボットが実際に棚を運び始めたときに決まるのである。管理システムは、規定の範囲内で、現在地からいちばん近い空き場所を選び、ロボットが移動をしている間にも、電波でそこを予約して他のロボットがそこに停めないようにブロックする。

ソフト、ロボット、そして人間

ロボットたちは、中央で管理されていながらも現場では自主性を持つという、興味深い複合性をそなえている。棚を載せて運んだり、棚の下をくぐり抜けて移動したりするロボットたちの様子は、まるで抽象的で数学的なバレエダンスのようでさえある。キバロボットたちは、倉庫全体の床に一メートル間隔で網目状に貼ってある小さなバーコードシールをもとに方向を認識する。この短いインターバルのおかげでロボットは自分の正確な現在地を逐一把握できるのである。そして、ロボット同士の電波とセンサーによる交信で、衝突は回避される。

ねじ込み式の台柱を収納しておけば、問題なく棚の下をくぐって通過できるため、そこに他のロボットがいて道を阻んでいない限り、荷が空の状態で棚を取りに行く際のルートは短くて効率的だ。一度フルに充電すれば、ロボットたちは最長八時間まで連続して作動する。バッテリーが切れかけてきたり、あるいは仕事があまりなかったりすると、ロボットは自動的に最寄りの充電ステーションを探す。倉庫の規模、商品の数、そして倉庫管理の最適化の度合いにもよるが、通常は梱包作業員ひとりにつき、五台から一〇台の運搬ロボットが必要とされる。

キバ社が特にアピールするセールスポイントは、スマートフォンや電子機器などの小さくて高価な商品の場合、ある決まった梱包作業場にしか運ばない、という限定機能だ。その梱包作業場で働くのは「とくに信頼のおける」従業員であり、その人物なら低い賃金で雇われていようと、一週間分の収入ほどにも値する高価な機器をポケットにくすねたりしないと想定されている。加えてそうした高価な商品を扱う梱包作業場はカメラで監視されている。それ以外にも、盗難の危険が高い商品は、在庫確認を抜き打ちで実施する回数が多く、あるべき個数と実際の個数とを照らし合わせる。

このシステムは、スターター用のセットとして、二五機の運搬ロボット、そのロボットたちが機能するための専用棚、位置情報を知らせるバーコードシール、無線ネットワーク、レーザーと操作盤の設備がついた四つの梱包作業場、そして現在使用している商品管理システムに合わせてこの倉庫自動制御ソフトを導入し稼働させるサービスをすべてひっくるめておよそ二万ドルで提供されている。このセットを駆使することで、ピッキング作業の人件費を一二人分削減でき、倉庫管理を三シフト制で稼働できれば、投資は二年以内に採算がとれる。それだけではなく、処理量は増え、ミスと在庫の不一致が減少し、倉庫が必要とする面積も縮小できる。

キバ社のようなシステムの導入で消滅する仕事は、必ずしも人々がやりたがるものでもなければ、賃金も労働に見合っているとはいえないものだろう。倉庫作業員はいまや職業人気ランクの下位、清掃員より若干上、というところだ。キバ社のシステムがカバーしきれない倉庫の仕事は、長い棚の列の間を延々と駆けずり回っていた頃に比べ、肉体的な負担が軽減された業務だけとなる。つまり、体力がそこまでない人でもこなせる内容であるということだ。

興味深いことにこうしたかたちのロボット化はピッキング職の大半を不要にするだけでなく、倉庫管理における様々な業務も不要にする。たとえば、商品の倉庫配置プランニングやピッキング作業員が商品を取りに行くルートの効率化を図る必要もなくなる。これらのことはソフトウェアが一挙に解決してしまうのだから。だが、実際に倉庫の管理部門で職が失われるかどうかは判断が難しいところだ。倉庫管理の担当者はその能力を生かし、さらなる最適化を目指す余地があるからだ。在庫計画を立てる際や、これから需要が高まる商品を予測するアルゴリズムにもっと多くの要素を取りこんだり、コストをさらに削減し処理速度をあげることで、倉庫の処理容量を増やすなど、課題はまだまだたくさんあるだろう。

倉庫の処理容量が高まれば、予測できない事態や、想定外の状況の発生がそれだけ多くなり、やはり人間が対応しなければならない。それは、入庫した商品の品質が満足でない場合から、複雑なソフトウェアシステムに弊害が生じた場合や運搬ロボットの不具合、梱包作業員のトラブル、パレットが壊れたり荷崩れを起こしたり、あるいは悪天候で運送に支障が出たときに至るまで、実に様々だ。

これらの問題が解決され、商品がようやく出庫となったら、今度は当然ながらどうにかして注文主の手元に届けなければならない。たいていの場合はトラックで運送するが、たまに鉄道輸送もある。ドイツでは何十万という人々が、経済を回していくために巨大な物流のうねりと格闘している。だが、この搬送業における職場の未来はどこまで安定しているのだろうか？　倉庫業務と同じように、やはりいずれはロボットやソフトに取って代わられる日がくるのだろうか？

II 労働の未来へ

第8章
運転手のいない自動車

センサーが構築する世界

筆者たちが乗っている車の運転手は誇らしげに、その自動車の技術について両手でオーバーにジェスチャーをしながら説明してくれるのだが、その間、ハンドルにはいっさい手を触れない。目下、ベルリン西部の比較的交通量の多い大通りを走行中で、ロータリーに向かっている。左右を他の自動車やモーターバイク、トラックなどが走り、目の前の信号では歩行者が横断する。すると、まるで幽霊にでも操られているかのように私たちの乗る自動車はゆっくりとブレーキをかけ、こちらと交差して流れる交通はなにごともなく動いている。私たちが乗っているのは自動運転のテスト車で、コンピュータが手こずる場合にのみ運転手が介入すればいい仕組みだ。

人類が車輪を考え出し、家畜に荷車をつなげて引かせるようになって以来、車の操縦者という職業がある。荷車を牛やロバに引かせる者、馬車の御者《ぎょしゃ》、トラックの長距離ドライバー、リムジンカーの運転手など。車がどの方向に、どの速度で動くかは、常に人間が決めてきた。だがどんどん高速化し、交通状況が複雑化すると、人間に過剰な負担がかかるようになった。かつては馬がいうことをきかなくなったりしたが、いまではトラックのドライバーが睡魔に襲われ、そのまま渋滞の列に突っ込んでしまうこともある。

人間が車を操縦する時代は、否応なく終わりに近づいているのではないだろうか。昨今のセンサーやコンピュータのカメラは十分に高速かつ精密になり、ハンドルを操作するという役割を人間が果たさなくても済むような技術レベルに達している。

世界中の様々な研究室で、複雑な交通状況のなかでも問題なく対応できる自動運転車がつぎつぎに誕生している。研究チームは定期的にテスト車で走行するのだが、監視役として運転席にいる人は操縦になんら介入する必要もないまま大陸を横断してしまう。ゲストとしてこうした研究チームの成果を見学に訪れると、どのような困難を乗り越えなければならないかがはっきり見えてくる。専門家たちはもう何年も前から、見通しがつきにくい交通状況でも対応できる自動運転車の開発を模索してきた。そのためには克服すべき課題が山のようにある。車の操縦コンピュータは、整合性のある情報を構築するために、様々なセンサーから得るデータを常時組み合わせながら周囲を取り巻く交通状況を把握しなければならない。

現在の自動運転車プロトタイプで最も重要なセンサーはいわゆるレーザースキャナーだ。外見的には、車のルーフキャリアに、簡単な台座上で回転する小さなブリキのキャニスターが設置されているかのようだ。このセンサーはその名称どおり、人間の目には見えないレーザー光線が絶えず回転し、その光線を上へ下へと繰り返し角度を変えながら周囲をスキャンする機能を果たす。

レーザー光線は断続的、つまりひっきりなしに点いたり消えたりする。その何分の一秒という間隔で極めて短いたくさんの光線が照射され、それらが対象物に反射されて戻ってくると、レーザーと並行して設置されたカメラが情報として認識する。つまり、レーザーを発射してから反射した光線がカメラに戻るまでの時差から対象物との距離を割り出す。それはまるで、絶えず車とその周囲にあるすべての対象物との距離を巻き尺で測っているようなもので、対象物が動いていようが関係ない。測った距離をすべて方眼紙に書き込んだら、周囲の3D立体画像が浮かび上がってくるはずだ。自動運転車に設置されているのはたいていベロダイン(Velodyne)社製のレーザースキャナーだが、そのおかげで立体画像が一秒に何枚も生成される。

テスト車にはレーザースキャナー以外にも数多くのセンサーが搭載されている。精密なGPS受信機、電子コンパスに加えて、タイヤに組み込まれた様々な回転センサー、車の四方八方にぐるりと設置された十数台のカメラなどから得た情報を収集し、詳細な現在地を把握することができる。どの通りのどのあたりを走行中か、ということだけでなく、どちらの方向に、道に対してどの角度で動いているかもその情報の一部である。

カメラは正しい車線での走行を維持するためだけでなく、あらゆる対象物との衝突を避けるためのセンサーとしての機能も果たす。いわゆるステレオタイプ方式では、水平に二台ずらして設置されているカメラの画像の差をもとに、対象への距離について空間的情報を割り出す。これは、人間が両目を使いステレオ視覚で見ることによって奥行きを認識しているのと同じような仕組みだ。ただ、「コンピュータの目」のほうが人間の目より優れているのは、いわゆる盲点(ブラインドスポット)が存在しないことと、全視界においてすべてがシャープに見えるからだ。

データvs.直感

こうしたステレオ視覚を利用した計算法は長く知られていたが、ここ数年でようやくカメラの解像度とコンピュータの処理能力が十分に向上し、複雑な交通状況でも応用可能なレベルに達した。このステレオ視覚を生かす手法がさらに発展することに、研究者たちは大きな期待を寄せている。人間が、けっしてどんな明るさにも適応できるとはいいがたい二つの目、そしてやはり機能的に限界のある二つの耳という、豊富とはいえない最小限のセンサーでも、交通の中で十分に位置確認ができていることから、将来的には高価で精密なレーザースキャナーを車の屋根に搭載しなくてもよくなるのではないか。いずれはもっと安価なセンサーで車の周囲がどういう状況であるか、十分な情報を得られるようになると。今では高級車ならたいてい搭載している十数台のカメラ以外にも、レーダーセンサーや超音波センサーが、ほかの車や自転車、動かない対象物や人間が車の近くにあるかどうかを認識するのである。

様々なセンサーから得たデータを総合して整合性ある状況像をつくり出すことはけっして簡単な作業ではない。ベルリン自由大学が開発した自動運転車でテスト走行している間、助手席の同乗者がひざに載せていたラップトップの画面は、車が外界をどのように認識しているかを映し出していた。乗用車、オートバイ、自転車や歩行者は常に変化し続ける点でできた雲（点群）のようだが、その集まりを包みこむようにして四角い箱が次々と描かれる。この箱たちは、形状認識ソフトウェアがつくり出すもので、そのポジションも絶え間なく最新情報に更新される。二カ所の位置情報の差異からアルゴリズムに従って、周囲の自動車や人の移動方向と速度が算出される。

これらの状況データを用い、自動運転車の走行ルートは衝突を避けるために常時更新され、修正をくり返す。はじめはまだ人がハンドルを操作する何百ものテスト走行を経て、他の車のどのような方向と速度の変化が、次にどのような動きをとることを示唆するのか、データが収集された。そうして導き出したアルゴリズムによれば、ある車が中央車線から左の車線に移り、なおかつ減速した場合、かなり高い確率でその車は次の交差点で左折することなどがわかる。

このように、同じ交通のなかにいる他の車の動きを予測すること、つまり周りのドライバーたちがこれからやろうとしていることを予測することは、自動運転車の開発において最も困難な課題だといえる。だが、ある程度運転の経験がある人間のドライバーにとってはそれほど難しいことではない。周囲のドライバーたちが次に何をしようとしているのか、ある交通状況においてどのように判断するか、直感的に見当がつくからである。

人間の目は、隣の車のドライバーをちらっとみるだけでたいして考える必要もなく、その人の視線、ジェスチャーや表情から多くの情報を読み取ることができるが、自動運転車が搭載しているソフトにはまだそのような能力の気配さえない。また、人間のドライバーなら、運転しながらなにげなく認識する一見あまり重要でなさそうな事実から、経験的に周囲にいるのがどのようなドライバーであるか、推測できたりもするのである。自動車のモデル、ナンバープレートやドライバーの性別から、髪型、帽子の有無、ステッカー、太いタイヤを装備した低めの車体といった情報にいたるまで、様々な外見上の要素によってその人を典型的な、あてはまる可能性の高い運転タイプに識別できる。

不均一な環境を克服するには

研究開発者たちが目下取り組んでいるのは、道路交通でドライバーたちの位置確認を助けるライトシグナルにコンピュータを適応させることである。たとえば乗用車、トラックやバイクのウインカー。人間にとっては、車両の右端にあるライトが点滅すれば、右折の合図としてわかりやすい。基本的に道路交通におけるライトを用いたシグナルは人間のために最適化してあり、警告したり、何かを知らせたり、注意を促したりするために役立つ。画像認識ソフトにとっては、通常の、比較的標準的な車やトラックのウインカーが一定のリズムと同じ明るさで点滅すれば、それだけで明確に認識できる。

難しいのはスクーターやオートバイがウインカーを出しているときや、自転車に乗っている人が手で左折や右折の合図を出すとき――そもそも合図してくれる場合に限るが――である。自動車らしきものの端っこで光がチカチカしている場合、それが果たしてウインカーなのか、それとも単に陽射しを反射しているだけなのか、ソフトにとっては人に比べてはるかにわかりにくいのである。また、あまり車間を空けずに続く自動車の列のウインカーを区別することも同様に困難である。サイズも形状も設置部位もコンピュータが認識しやすいように統一されているわけではないため、アルゴリズム上の誤認が生じる可能性もそれだけ大きい。

同じように難しい課題は、信号の認識だ。理想的な状況下であれば、そのためのソフトは典型的な交通信号の形状と赤、黄、緑の色を問題なく識別できる。だが、現実には理想的な状況でないことが多いものだ。前を走っている車が信号機の一部を、あるいは全体をさえぎっていたり、太陽が低い位置にあって逆光となったり、日光が信号機を照らしすぎたり、吹雪や汚れが信号を見えにくくしていたり、強い雨で視界が悪くなったりなどして、カメラが信号を認識できない状況が発生する。自動運転のテスト車が米国のカルフォルニアやネバダ州を走行するだけなら、そのような悪天候もめったにないので、どれほど簡単だろうか、と欧州の開発チームはよく冗談半分にこぼすそうだ。いくらでもテスト車を走行させられるグーグル（Google）の桁違いの資金力と、その取り組みにかける熱意への羨望をこめて。ただ、カルフォルニアだろうとノルウェーだろうと、ドイツのシュヴァーベン山脈だろうと、太陽が沈むのはどこでもおなじだ。グーグルの恵まれた自動運転車開発チームといえども、均一ではない日照状況の問題には悪戦苦闘しなければならないということである。

グーグルはメディアの熱い注目を浴びながら、もうすでに艦隊といっていいほどの数量の自動運転車をカルフォルニアの実践の場に送り込んできた。数カ月の間にいくつものテスト車が、七〇万マイル（約一一二・六万キロメートル）の距離を走破し、その際に収集したデータ量とアルゴリズム用の経験値は、他社のすべての研究プロジェクトを圧倒する。グーグルの自動運転技術開発の取り組みが、ドイツや他の欧州の国々と初めから異なっているのは、規模の大きさや潤沢な研究開発費用だけではない。グーグルでは、その資金力にものを言わせて数多くのトップレベルの研究者たちが世界中から集められ、軍事分野のロボット工学プロジェクトでさえ例を見ないほど設備も恵まれている。これに対し、大学関係の研究開発チームは研究を続けるために、第三者である企業の支援プロジェクトとして認定してもらうよう申請書を出さねばならず、その書類準備のためにけっしてばかにならない時間をとられているのが現状だ。

また、支援はたいてい大手の自動車メーカーから得られることが多いが、そのため、研究のアプローチがその支援者の要望に沿った性質になるのはどうしても避けられない。自動車メーカーの関心はまだ、一連の運転支援システムの強化にある。自動運転車の研究開発は、あくまでも長い道のりの始まりに過ぎず、ますます知能が発達していくセンサーや運転支援システムを足し続けていくことによって、いずれは運転する人が不要になるだろう、というシナリオだ。それに応じて、アンチロック・ブレーキ・システム〔ABS: Antilock Brake System　急ブレーキをかけながら、衝突回避のためのハンドル操作ができるシステム〕、横滑り防止装置〔ESC: Electronic Stability Control　自動車の旋回時にブレーキを使って姿勢を安定させるシステム〕、ブレーキ支援システム、車間・車線維持支援システム、クルーズコントロール〔Cruise Control　アクセルペダルを踏み続けることなくセットした一定速度を維持する機能〕、自動記録システム、運転手の異常（運転不能状態）認識や交通標識の認識といった諸々の機能を向上させ、コストを下げることに重点が置かれている。

最終ステップとしての完全自動運転

こうした系統的で緩慢な取り組みの理由として、一つは自動車業界の価格競争が激化するなか、研究費が高くつくわりにはそれほど人気のない補助システムを開発する余裕がないことが挙げられる。もう一つは、自動車メーカーのセールス文句ではいまでも「運転する喜び」が強調されていることにある。だから自動車業界全体が規制当局とともに、知能的運転支援システムの段階的な導入を、という青写真で一致し、いつか遠い将来には完全なる自動運転車にたどりつく、という悠長な見通しを抱いているのである。

初めのステップは、いわゆる部分的自動運転で、レーンアシスト（車線維持）、クルーズコントロール、追い越しと車間維持アシストの組み合わせから成る。最近はアッパーミドルクラスの自動車でも、アウトバーンで単調な運転状況になった場合などにはコンピュータ制御運転への切り替えが可能だ。クルーズコントロールを希望する速度に設定し、車線および車間維持アシスタントを作動させれば、車はまるで幽霊が操作しているかのように自動的に走行する。とはいえ、ドライバーが常に交通状況に注意を払っていなければならないのは、コンピュータが対応できなくなった場合、数秒以内に操縦をドライバーに返すからだ。

ハンドルについているいくつものセンサーや車内のカメラが常時確認し続けるのは、ドライバーがいつでも運転をできる状態にあるかどうか、という点だ。長いこと両手をハンドルから離したり、居眠りして目を閉じたりしてしまうと、車が警告音を出す。それでもドライバーの反応がないと、つぎの支援システムが作動して車を減速させ、路肩に移動して警告灯を点滅させる。本来このシステムは、ドライバーが意識を失う、過労で居眠りするなど、運転が不可能な状態に陥ったときの危険を回避するために開発された。

ドイツの自動車産業界のロードマップにある、自動運転へのつぎのステップは、いわゆる高度化された自動運転機能だ。ここでは、前を走行する車のセンサーデータ、工事現場情報、交通状況データ、そして、性能アップした反応速度と複雑な状況発生時の対応能力をすべて結集させ、ふたたびドライバー自身の運転に切り替わるまでの事前警告の猶予を三〇秒までに延ばすことを目標としている。ただ、この使用はあくまでもアウトバーンなどに限定され、市内の交通には適用できないので、高性能自動運転車のドライバーでも市街地ではこれまで通り自分で運転しなければならない。だがアウトバーンでなら、ときおり仕事用の資料――いまではネットで見るほうが主流かもしれないが――に目を通したりできるなど、常に道路に視線を向けている必要はなくなるだろう。

最後のステップとなるのが完全なる自動運転だが、良好なセンサーデータを十分に得られる限り、想定しうるあらゆる交通状況にも自動的に対応できるようなレベルを未来像として描いている。ただし、吹雪などの悪天候で視界機能が大幅に制約され、車線の認識もままならないときはやはりドライバーが自ら運転しなくてはならない。この段階で、自動運転が市内交通でどこまで使用を許されるべきかについては意見が分かれる。メーカーや開発チームによっては原則的にまったく問題なし、としている場合もあれば、市街地での走行は人間の運転でないと危険すぎるため、現実味がないと考える人々もいる。

アウトバーンに比べ、市街地の交通では予測不能な状況が発生する確率が高い。歩行者が駐車している車の間から道路に出てこようとする、スクーターが車の間を走り抜ける、自転車は交通ルールをまったく無視した走り方をするなど、よくありがちなことばかりだ。動物、サッカーボールや子供がいつ飛び出してくるかもわからず、自動車が曲がろうとしているところへ自転車が突っ込んでくることもある。これに加え、多数の交通標識や、いくつかの認識困難な信号機でも正しく従わなければならない。またロータリーや三叉路での優先権ルールなどが、走行中の判断をさらに難しくする。

つまり自動運転車は、多数の煩雑なルールに則って判断するだけでなく、人間の不確かな行動を要因とした多くの不測の事態にも対応できなければならないということである。コンピュータ制御されている自動車のみが行き交い、場合によっては互いにコミュニケーションさえ取り合うような交通状況下においてなら、完全自動運転はかなり簡単で現実味がある。だがそうした環境は、コンピュータのシミュレーション画面、自動運転車用の車線が設置してある研究所や製造工場のテスト走行場でしか存在しない。

とはいえ、製造業の現場では付属システムを備えた準自動運転車がずいぶん前から広く導入されており、たとえば自動車の車両パーツやその他のかさばって扱いにくい部品などを工場内で運搬するときに使われている。こうした無人のロボット車は走行ルート上に障害物が現れても問題なく自動的に停止し、ほかの車が急ぎのパーツを運んでいる際には、道を譲ってやることもできる。ロボット車たちの工場内での制御と位置確認は通常、床につけられた磁気マークや視覚的な目印、レーザースキャナーなどを用いて行なわれる。そのため、走行ルートからロボットが逸脱することはあり得ないと同時に、常に現在地を正確に把握できる。

自動運転車の賛成派は、当然ながらこれに類似したインフラを一般道でも導入できないか思案してきた。磁気マークや電波で状況を知らせる信号機、レーダー反射機、踏み越え制限ポール、電子走行レーン（車線）などを公の道路に設置したらどうだろうか、と。だが主に二つの理由から実現には至っていない。一つは、自動車メーカーが、自動運転をしやすくするためのどのような変更や付属設備を導入すべきか、ある程度の世界規格を、あるいはせめて欧州連合内で通用する規格を統一せねばならないこと。もう一つは、そのために必要な投資規模や設置の手間が、通常の道路メンテナンスの範囲内で行なえなければならないという制約が大きいことが挙げられる。そして現在のところ、これらのハードルはそれほど簡単に越えられそうにない。

データ至上主義　グーグルのアプローチ

さて、これに対し、自動車業界や大学の研究者たちが羨望の眼差しを注ぐグーグルの自動運転車プロジェクトはべつな歩みをたどっている。自動車業界では半ば冗談のようにうわさされていたことが、統計的かつ効率的に実施されているのである。それは、将来的にはグーグルの自動運転車が走行できるよう、世界を一定のアルゴリズムにそくして把握するということである。

ここ数年間で西洋諸国、あるいはそれ以上の範囲のあらゆる道路を走ってきたストリートビューカーは、街並みや道路の画像を収集しているが、もともとは異なる目的のために撮影を行なっていた。車の上にはカメラだけでなく、3Dスキャナーが搭載されていて、周囲をレーザースキャンすることで、グーグルマップに建物の3Dモデルを取り込もうというものだった。そのために道路や家屋の外観データを集めたのだが、それはまだグーグルの自動運転車に搭載するようになるレーザースキャンとは異なるものだった。

ストリートビューデータだけでは、データの種類も質も本来の走行測定の高精度化とプラン立てのためくらいにしか役に立たない。搭載されているセンサー、とくにレーザースキャナーは使いものにならなかった。だが、カメラで撮影したストリートビュー画像は活用できるものだった。

というのも、撮影カメラはグーグル車の前も後ろも捉えているからだ。

これらの画像から車線の数、路面表示、車線区分線、右折や左折車線、線路と交わる地点や信号機の所在など、多くの情報を得られる。ドイツの大概の自動車メーカーが、世界を網羅した交通道路データなどなくても走行できるからよい、と考えているのに対し、グーグルはデジタル時代に暮らす現代人にふさわしくドライバーたちもその恩恵に与《あずか》るべきだとの結論に至った。グーグルの自動運転車はデータが収集されたところでしか機能しないという制約など、データ至上主義の企業としては一向に構わないのである。自動運転車のために掲げているビジネスの目的は、自動車を売ることではなく、人々がネットに費やす時間を増やし、インターネット上の勢力圏をさらに拡大することにあるのだから。

グーグルが提供しているサービスにユーザーが費やす時間は必然的にまだ限定されている。睡眠中や運転中は広告リンクへのクリックはのぞめなくて当然だからだ。だが、自動車で移動する間もネットを見て過ごすようになれば、検索エンジンを介してより多くの広告収入を上げられる。したがってグーグルは、自動車メーカーのプロジェクトとは異なり、より高度な知能をもつ運転支援システムを段階的に導入するのではなく、いきなり大きな目標を掲げている。最初から自律して運転する自動車の開発である。グーグルにとっては、どこかの田舎道でも自動運転できるかといったことは問題ではなく、大勢の人々が頻繁に利用する道路にこそ関心があるのである。

自動運転車の開発がブームになったきっかけは、「DARPAグランド・チャレンジ」というロボットカーレースの開催である。DARPAとはアメリカ国防総省内部の部局〔国防高等研究計画局 Defense Advanced Research Projects Agency〕で、リスクは高くても成功すれば従来の力関係を根底から覆《くつがえ》す可能性を秘めているような特別な研究プロジェクトに取り組んでいる。そして、このロボットカーレースは軍隊関係だけでなく、民間の研究チームにも門が開かれている。

かくしてＤＡＲＰＡチャレンジでの勝敗を巡って各チームがしのぎを削るうちに、自律型自動車はめざましい進歩を遂げた。かつては砂漠のなかをおぼつかなく走り、ゴールにたどりつくこともままならなかった頼りないロボット車が、四年の間に、まるでシリーズ化したプロジェクト製品のように実力をつけ、障害や予期せぬ状況の発生をシミュレートした市内交通のなかを比較的安定して走行できるようになったのだから。すると、グーグルは自分たちの自動運転車プロジェクトを手っ取り早く推し進めるために、ＤＡＲＰＡチャレンジで勝利を収めたチームから優秀な研究者たちをスカウトして雇ったのである。グーグルからの注目度がとくに高かったのは、できるだけ多くの、そして詳細な周辺データを頼りにテストコースを走行するタイプの車を開発した研究者たちだった。

いずれにせよ、データ中心主義のグーグルと、どちらかといえばじっくりと保守的なアプローチをする伝統的な自動車メーカーたちの共通の目標は、利用者が信頼できる自動車をつくることである。大学が開発したテスト車に実際に試し乗りしてみると、初めの不安と緊張は驚くほど早く払拭された。このプロジェクトのために改造されたフォルクスワーゲン・パサート（Passat）が、公の道路へ出て数分の間に、他の車にぶつかることもなく、自転車にもこすらず、ピザを宅配中の無茶なバイカーをはねることもなく走行するうちに、はじめは車内のグリップをいささか力んで握っていた手もだんだんと緩んでくる。

よく知らない人の車の助手席に乗っても、だんだんその人の運転スタイルに慣れていくように、この自律型自動車の運転スタイルにも慣れていく。ただ、ときおりある種の不安が戻ってくることもある。レーダーセンサーが道路脇に茂っている雑草に惑わされたり、たとえばレーダーモーションセンサーなどほかの無線機器によって電波障害が起こったりするときだ。すると自動運転車は交差点の赤信号などで立ち止まり、ハンドルをしきりに動かす。助手席のノートパソコンを見れば、その理由がわかる。信号が青になったらどのように走行するかを決めるアルゴリズムは、レーダーセンサーが障害物の出現と消失を交互にめまぐるしく知らせてくるのにいちいち反応し、次の発進準備用のハンドル設定も影響されるからだ。だが、このような副作用は瑣末なことで、技術が磨かれていくにつれて次第に解消するだろう。

事故のリスクと責任

しかし、安全面はどこまで極められるだろうか。理論的には、集められるすべてのデータを結集させることで自動運転車は人間のドライバーよりもはるかに安全に、先を予見しながら走行できるはずだ。レーダー、暗視カメラとレーザースキャナーがほかの多数のセンサーと連携し、人間の持つ認識能力を上回る。ＧＰＳナビゲーションと解像度の高いデジタル道路地図の情報から、コンピュータでは車の詳細な現在地、交通状況、路面状態や障害物などについて、バーチャルな総合状況像が構築される。

そしてそれは人間のドライバーの平均的な総合認識力をはるかに超えている。しかも、いまどきのコンピュータのリアルタイムでの反応は人間よりもずっと速い。ただ、いまのところ欠けているのは、すべての情報を統合して判断できるようになる、経験値的に学習するシステムである。ほんの数年前までコンピュータはこうしたことをするにはまだ処理速度も記憶容量も不十分だったが、今は状況が大きく変わった。大学のテスト車やグーグル車の例が実際に示してくれたように、自律型自動車は、技術的なハードルをほぼクリアできている段階まできた、といっていいだろう。

ただもう一点、重要な問題が残る。このような自動運転車が、人間のドライバーによる制御と監視が行なわれていないときに事故を起こした場合、誰が責任を負うのか、という問題だ。メーカーのソフトのせいだろうか？　ドライバーがソフトを最新バージョンにアップデートしていないとか、そのほかのメンテナンスを怠っていたとしたら？　センサーが欠陥品だったり、プログラマーが誤りを犯していたりした場合に、事故の責任を問われるだろうか？

ドイツも含め、多くの国々が批准した一九六八年のウィーン道路交通条約には、「運転者は、常に、車両を制御し、又は動物を誘導することができなければならない」と定められている。つまり原則として、車両の制御とそれに伴う損害の責任は、常に運転者もしくは御者に帰する、ということだ。運転者は自分の車両が道路交通に適したものであることを確認し、技術的な機能不全によって危険の発生源とならないようにしなければならない。残りのリスクの余地、すなわち事故調査書に「人為的ミス」と記載される範囲は、損害賠償保険制度によって社会的になんとか受け入れられている。ウィーン道路交通条約の論理によれば、自動運転車や運転支援システムも馬と同じようにみなされると解釈できる。すなわち依然として運転者は、御者が馬の責任を負うのと同様に、車両の責任を持つべきである、と。

ドイツにおけるアウトバーンでの事故死者数は年間六〇〇人にのぼる。すべての交通事故死件数のうち、六〇パーセントが幹線道路、三〇パーセントが市街地で発生し、年間合計五〇〇〇人以上が交通事故で命を落としている。人間は完璧ではない、だから事故が起こるのは仕方がない、というのが共通の認識だろう。だが、自動運転車が死亡事故を起こした場合も、同じように受け入れられるだろうか?〔二〇一六年五月にアメリカのフロリダ州で初めてテスラ(Tesla)車による死亡事故が発生した。運転支援システム「オートパイロット」使用中にトレーラーと衝突、運転手が死亡し、筆者の予想どおり責任の所在について議論が繰り広げられた。その後、二〇一八年三月にはやはり「オートパイロット」状態のテスラ車、またウーバー・テクノロジーズ(Uber Technologies)の自動運転車が死亡事故を起こしている〕

もし数年のうちに、自律型自動車の事故を起こす確率が人間のドライバーよりもはるかに低いことが疑いの余地もなく認められたらどうだろうか? トラックが渋滞に突っ込んでしまう、あるいは危険物を運送中に事故を起こすなど、とくに重大な事故との関連においても、統計的にコンピュータのほうが優れた運転者であることがわかったら? 機械が完璧とはいえなくても、人間のプロのドライバーよりも的確に反応でき、死亡事故を起こす確率が低ければ、社会は受け入れるだろうか? あとどれくらいの間、完璧でない機械に抵抗を抱き、たとえ機械が原因による事故死のほうがずっと少なくても、人間のドライバーのミスによる交通犠牲者をしかたないと受け入れ続けるだろうか？

社会の判断

各自動車メーカーは、現在市場に出回っている各種の車の製造を始めてから、その自動車が関与した交通事故について詳細な情報を集めたデータバンクを保有している。それに加え、今では多くの車に搭載されている、事故の前に全センサーが認識した一〇秒間のデータを保存してあるブラックボックスを回収し、たいていの大手自動車メーカーは、距離的に可能なかぎり事故現場に自社の専門チームを派遣して実況見分を行ない、運転支援機能やその他の技術的なミスが事故原因に関与していたかどうかを分析する。こうして蓄積されていくデータバンクと数多くのシミュレーションによれば、一〇件の事故のうち、半数近くは自動制御システムがあれば回避可能であったことが判明している。

だが同時に、自動車のセンサーやソフトの不完全さに起因する、新しいタイプの事故も発生するようになるだろう。とはいえ、総合的な発生件数と重大性において、自動制御、センサー感知や運転支援機能で回避しえた事故数よりはるかに少ない。したがって純粋に実利的な観点から見れば、自律型自動車に軍配があがるのは明らかだ。だが、一般社会がそのように判断するかは別問題なのである。

たとえば、ソフトウェアの不十分さから子供が事故死するようなケースがマスコミに大きく報道され、それと同様のソフトが他の何十万台もの道路を走る車に搭載されていることが知られていたとしたらどうだろうか？　ソフトの不備が解消されるまで、それらの自動車はすべて運転してはいけない、ということになるだろうか。ソフトの不備を修正するため、自動車メーカーは損害賠償の調停や裁判に備えた引当金で解決を探らなくてはならないだろうか。また、自動車制御ソフトは、悪意のあるサイバー攻撃に対してどこまで安全なのだろうか？

自律型自動車を考慮し、ウィーンの交通条約にいったいどのような補足が必要になってくるかは、法律家でなくても興味深いところだ。議論の中心となるのは、依然としてかならず人間がハンドルを握ることを前提とすべきか、という点だろう。他の多くの分野でも同様のことがいえる。たとえば航空機パイロットの主な任務は、異常事態のときの対処だ。自動操縦の航空機なら、フライトのすべてをだれの助けも必要とせずに操縦することなど技術的になんの問題もなく可能だ。問題になるのは極端な悪天候でセンサーが混乱したり、ソフトが対処できなかったりするような複合的な状況が発生したときなどである。

将来的には自動車も同じように作動するようになるのだろうか？　自動運転車の開発者たちは、それよりもさらに先まで考えている。自動運転車のソフトは極めて守りのかたい運転をし、規定のスピード制限を超えることなどあり得ない。交通標識は自動的に認識され、それに伴う規定は有無をいわさず守られる。そうなれば、常習的なスピード狂の存在に対する理性の勝利と呼べるのではないだろうか？　それともドライバーは、技術に「教育指導」されているように受け止めるだろうか。そして、楽で安全でさえあれば、「自分で運転する喜び」はなくてもいいものになるのだろうか？

こうした問題、とくに責任と賠償に関しては、ドイツの自動車メーカーにとって完全な自律型自動車の開発を安心して推し進めていく上でネックとなっている。完全型までの段階的な進め方をする間も、たとえ実際にはソフトが運転をしていようと、運転席に座っている人間が車両の責任を負うことになる。だからメーカーは、ドライバーがすぐに反応できる状態か否かをチェックするシステムに大きな労力を費やす。だが、技術システムがつねにそうであるように、ユーザー側の行動を何らかの形で制約しようとする仕組みがあると、かならず、その監視をごまかせる方法を見つけてしまうものだ。現在の高級車に搭載されているクルーズコントロールや車間維持システムにしても、実際にはスマートフォンをいじっていても、ドライバーがハンドルを握っているように認識させてしまう簡単なトリックがあるように。

義務づけられる「運転支援システム」の導入

自動運転車が雇用にどのような影響を与えるかはまだ不透明な部分が多い。とくに自動車やトラックに関しては、人々が感情的になりやすいテーマでもあり、社会的な議論のプロセスによって予想外の結論に行くつく可能性もある。トラックに適用される夜間走行禁止令は、長距離ドライバーたちの疲労を配慮し労働上の安全面を改善するだけでなく、道路沿いに暮らす住人が数時間でも騒音から解放されるという騒音防止の役割も果たしている。だが、自動運転のトラックがあたりまえに走行する時代になったら、夜間走行禁止令は適用されなくなるかもしれない。ほかにも自動運転機能を搭載させるのにうってつけなのが旅行用のキャンピングカーである。夜間、横になって眠っている間に、車が目的地に向かってくれるというのはキャンパーたちにとってどれほど魅力的だろうか。

トラックやバンなどの配達車が、走行ルートの最適化プログラムを利用してとくに都会で効率良く回れれば便利だが、近い将来ドライバーは機械の指示に従うだけの役割になり下がってしまうかもしれない。走行ルートの効率化はもう長くから知られており、GPS機能の利用でかなり普及したといっていいだろう。だが配達ルートの最適化システムがテストしているのは最短距離の指示や渋滞の回避だけではない。荷台に配達物が積まれた順番や顧客の要望、倉庫の在庫によって、どの走行ルートをとるべきか、現在すでにコンピュータが決定しているのである。その際、交通状況やガソリン代も考慮されているのはいうまでもない。

これ以外にも多数のパラメータが加わって最適なルートが割り出されるのだから、いくら経験豊富な発送元だろうと配達ドライバーであろうとかなわない。機械の計算にインプットされる情報を人間が同じようにすべて網羅するのは無理であるうえ、コンピュータが運転席の画面に情報を送り込むほどには、ドライバーはすばやく対応できない。パラメータが一つ変わっただけでも走行ルート全体に影響が出るからだ。

しかしそのようなシステムが一般的に普及する以前に、典型的な大事故を回避するのに役立つ運転支援システムは、トラックやバスに導入するよう徐々に義務化されつつある。二〇一三年末以降、ドイツでは新しく製造されるすべてのトラックに車線維持アシストと自動緊急ブレーキシステムの搭載が義務づけられた。おそらくこれまでの「古典的」な事故原因だった、ドライバーの健康状態や過労により車線からはみ出たり、渋滞の列や急ブレーキをかけた前の車につっこんでしまったりというケースを多く回避できるだろう。統計によると、これらのシステムがあればそうした事故の三分の一を防ぐことができるそうだ。実際にこの予測通りなら、人工知能を持つ運転支援システムの義務化が一般的になる日も近いだろう。

業界全体で、これからの数年、どのような流れになるのか大きな関心を持って展開を見守っていくことになる。ヨーロッパの路上をまだ多くの古いトラックやバスが走っている限り、事故数に当然ながら大きな変化は見られないはずだ。だが、事故防止に役立つシステムの信頼性の高さが裏付けられれば、すべてのトラックへの搭載義務を求める世間の圧力が高まるにちがいない。ドライバーたちの安全を守る新しいテクノロジーがいつから義務づけられるようになるか、注目すべきところだ。

長距離ドライバーのこれから

道路交通において、人間がリスク要因となる確率が次第に減っていくのは目に見えている。将来的にはトラックの運転席にだれも乗っていなくなることも考えられる。ドイツではおよそ八〇万人が長距離ドライバーとして働いているので、潜在的にはそれだけ大量の人々が職を失う可能性があるということだ。だが、このシナリオはまだまだ先のことだろう。日常の交通事情にはまだあまりにも多くの不確定要素があり、アルゴリズムの課題は山積みだ。雪が降っただけで、車線維持装置はお手上げなのだから。また、故障、タイヤのパンクや事故などは予測不能な事態を招くが、人間なら生まれながらにして臨機応変に対応でき、複雑な状況を把握し、場合によっては克服することまでやってのけるが、機械はまだそれに取って代われるところまでいっていない。

だからといって、長距離ドライバーならいつまでも自動化の波に煽られずに済むと安心していいわけではない。可能性が高いのは、まだ当分の間運転席に座ってはいるものの、だんだんとやることが減っていくという展開だろう。それ相応のインフラストラクチャーが整備されることが前提となるが、考えられるのはロードトレイン・コンセプトで、一人のドライバーが複数の車両の責任を負うことになる仕組みである。いくつもの無人の自動運転トラックが電子的につながり一列になって走行するが、先頭のトラックにだけはドライバーがいるという状態だ。自動運転に問題が発生した場合は、ドライバーが介入できる。

ほかにも考えられるのは、問題が起こった際にはトラックが自動的に道路端に停車し、オペレーターがモバイルデータ網で車両と交信する方式だ。または移動式のサポートチームが立ち往生している自動運転トラックにドライバーを送り届け、故障や操縦の不具合を解決するという方法もあり得るかもしれない。技術的にはこのように様々な可能性があるが、どれが浸透するかは運送業界でも、やはりほかの少数の業界がそうであるのと同様に、政治的な規制や社会的な受容次第といえるだろう。

現代の長距離ドライバーの任務といえば、貨物の積み下ろしの管理、つまり正しいパレットやコンテナが正しい受取人に届くようにすることであり、もしその際に連絡ミス、宛先の情報ミスなどがあれば、それによって発生するトラブルを解決することまで含まれている。だがここでも、パッケージの単位を標準規格化――たとえば電子トラッキングおよび盗難防止システムつきの軽量なミニコンテナを導入――することで、かつて遠洋貨物船用のコンテナが規格化された時と同様に、物流界に大きな変革をもたらす可能性も考えられる。

その分野に携わっている人々は、そのような展開はあくまでも机上の空論であって、現実には無理だと口をそろえる。だが、規格化されたコンテナが経済的なメリットをもたらし、ドックで働く何十万人という、代替はきかないだろうと思われていた世界中の労働者たちを比較的短期間で不要にしてしまうという大きな変革を起こすまでは、当時の港湾労働者も船主たちもやはり同じように考えていたことを忘れてはならない。

これまでにもみてきたように、経済的なメリットが十分に大きく技術も熟していれば、規格のグローバルな統一化へと大規模な変革を後押しするほどの圧力が生じることもあるのである。重量の大きなトラックは欧州の特に先進国諸国において、燃費や故障率を計算に入れたコスト上、製造から三―五年以内の新しい車種であることが多く、短いサイクルで継続的に車両の代替が進むため、そうした技術的な変革も比較的スピーディに進む可能性は高い。これに対し、地方の近距離圏内や市街地を走る軽量トラックの大半は年代物の車両が多く、なかなか代替されない。したがってこのクラスのトラックの場合は新技術の導入には時間がかかることが予想され、公的な補助や規制で後押しする工夫も必要となるだろう。

もう一つ見逃してはならない点は、様々な分野の調査でもよく問題として取りあげられる少子高齢化である。長距離ドライバーの仕事は過酷で、家庭生活が犠牲になりやすい上、必ずしも社会的に憧れを集める職の部類とは言えない。産業界が危惧しているのは、現役のドライバーたちが引退し、このまま職のイメージの向上が見込めなければ、一〇年、一五年後には、特にドイツでドライバー不足が生じることである。ただ、こうした悲観的な予測は鵜呑みにすべきではなく、たとえばギリシャやスペインでの若年層の失業率の高さや、ドライバー業界における人材の流動性の高さを考慮すると、人手不足の心配は杞憂にすぎないという可能性もある。そして同様に想定し得るのは、ドライバーの仕事をより魅力的にしたり、必要な人員を減らしたりすることと、デジタル化とネットワーク化によって技術革新が進むことで、将来的にはトラックの運転席でかならずしも人間のドライバーがハンドルを握っているとは限らないかもしれない、ということだ。

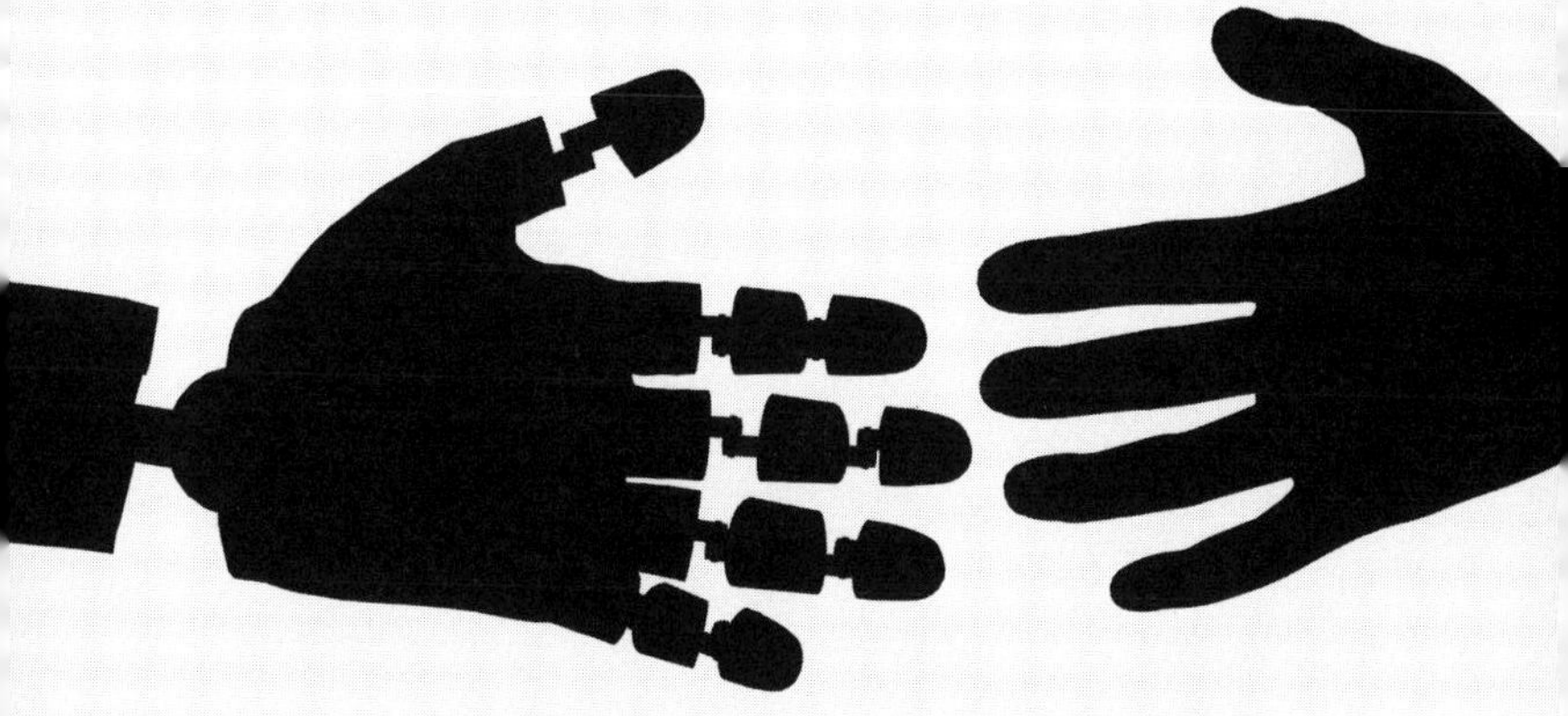

第9章
人に優しい機械を目指して

学習する同僚ロボット

知能を持つマシンの未来の姿とは、どのようなものだろうか？　実験室や研究機関での開発は、人と機械の境界線をなくすことを目指して進められてきた。これまでみてきたように、いまのところロボットはまだ「檻《おり》」の中の限られた範囲内に設置されているため、人を危険にさらす心理的な脅威を与えることなく、機械向けに整備された環境におかれているといえるだろう。ただし、その「檻」から出たとたんに、ロボットはとまってしまう。現在多くの開発が進められているのは、機械が人間のアシスタントとして働き、実際に人とロボットが協働できるようにすることだ。

ロボット工学者たちが思い描くのは、工場、研究室、小規模な工場や介護施設などで働けるロボットである。それも、面倒なプログラミングなど不要で、新米の人間が仕事を覚えるのと同じように、自ら学習するロボットがいい。複雑なプログラムをインプットするのではなく、ジェスチャーや言葉で物事を教え込むことができる。なにかうまくいかなかったり、障害物があったりするとピーッと鳴って止まってしまうのではなく、臨機応変に対処ができる。そして、そのロボットがそばにいても、人間は安心でき、恐れを抱いたりしない。

これまで紹介してきた産業ロボットや倉庫ロボットは、いくつかの決まった動作や工程を速く、正確に、パワフルにこなすことなら何万回でもできても、学習能力など持ち合わせていなかった。だが今では、多くの研究分野での開発が想像以上に進んでおり、「同僚ロボット」に近い役割を果たすシステムが製品化される日は確実に近づいている。

それを実現するための技術革新は、まったく異なる分野からもたらされた。というのは、マイクロソフト(Microsoft)社がゲーム機用に開発した技術が、副産物的にロボット工学の分野に革命を起こしたからだ。それを使うと、プレイヤーの体が空間でどのように動くか認識するセンサーを通し、画面でバーチャルなフィギュアを動かせるのである。それまでは一つが数千ユーロもするような特殊センサーを何十個も必要としたのが、一つ数百ユーロのこの「キネクト」〔Kinect マイクロソフト社がゲーム用に開発した、コントローラを用いずにジェスチャーや音声認識によって操作ができるデバイス〕と称するいくつかのモジュールを専用のソフトウエアで作動させると、コンピュータに精密な三次元の空間をそっくりそのまま映し出せたのだから画期的だった。

ロボットにこれを生かせば、同じ空間のどこに人間がいるかをリアルタイムで認識し、とっさに自分の腕をよけて衝突を防ぐことができる。次の世代のキネクトセンサーは、空間の三次元認識の速度をさらに上げただけではなく、その解像度を数倍も向上させた。産業ロボットで使用されている同様のセンサーは、ひどく高額でしかも使い勝手が悪い。また、製造業で使われるロボットは数千台いけば大成功と呼ばれるのに対し、ゲーム業界では一〇〇万台単位で生産されるだけあって、それまでの常識では考えられなかったようなお手頃な価格が実現したばかりでなく、技術レベルもそれこそ一夜にして大きな飛躍を遂げることができたのである。

また、コンピュータビジョンと呼ばれる、カメラを使って機械が「見る」技術も、ここ数年で目覚ましい進歩を遂げた。人は生後数週間で、目を通して脳の視覚的中枢が捉える像から、物の輪郭、色、構造や距離などを認識できるようになる。だが、この見るという行為はコンピュータにとっては複雑極まりないプロセスなのである。高度な演算処理能力を駆使して、画像を分析し、構造を分類し、動きを追跡し、そこから対象を認識しなければならないのだから。

ここ数十年かけて多くの技術が徐々に磨かれ、形状認識などは、製粉場での例でも見てきたように実用化もされている。だが、フレキシブルに働いてくれるロボットに求められるのは、標準的な形状と、その標準に当てはまらない形状を——麦粒の選別機のように——見分ける能力だけではない。細かくプログラミングされていなくても反応できなければならないのだ。ただ、ロボットにとっていちばん手に負えない相手は、絶え間なく変化する環境の中で、予測不可能で脈絡もなく行動し、ミスを犯しがちな人間なのだから始末が悪い。

たとえば、ある対象物の形状と位置を機械にわからせることがどんなに難しいことか。「机の上にある道具箱から、小さいカナヅチをとってきて!」と頼んだとき、相手が人間なら子供でも問題なく叶えてくれるだろう。だが、道具箱のなかから該当する道具を取り出す、という任務はロボット工学者たちにとってはとんでもなく厄介なのだ。長年、十分な演算処理能力を有する手頃なソフト、高度なセンサーと画像認識機能がなかったため、この解決法としては道具箱の中を厳格に整理整頓して各道具の収納場所を決め、ロボットにその場所をいちいち記憶させる以外に方法はなかった。だが、ロボットと共同で働く人間が道具箱の決められた通りの収納場所にきっちりと戻すはずもなく、到底現実的とはいえなかったのである。

経験不足を補うデータベース

近頃のロボットはもう少し期待できる。とはいえ、カナヅチを誰かに渡すという、人間にはいたって簡単なことも、ロボットにとってはまだ至難の業である。そもそも人間のいったことを、果たして正しく言語認識できるかという点もすでに簡単ではないが、そこからさらに一歩先へ進んで、「机」、「道具箱」、「カナヅチ」が何を指すのか、ソフトがモノの概念を理解していなければならない。各対象の情報と、センサーが伝えるデータとを照らし合わせたときに、机はカートとは違うものだとわかり、カナヅチとレンチを区別できること。そしてもし、そこに机がいくつもある場合、道具箱が置いてある机だけが正解であることもわからなくてはいけない。

大工仕事の道具箱を、今度はたとえばサイズも形状も似ている靴用の段ボールやミシンと区別できることが次のハードルだ。道具箱の留め具式の蓋を開けることは、その次の難関である、「カナヅチを特定する」ことに比べれば難易度が低いといえるだろう。人間なら、道具箱のなかを覗き少しひっかき回すうちに、典型的なカナヅチの形状、つまり持ち手の部分や頭を見つけ、それを取り出すことなどたやすい。そんなことが、これまでのロボットの手には負えなかった。人間なら、それまでの経験を通して知っているおかげで、カナヅチという道具の一部をみただけでもその典型的な形で認識できるわけだが、そうした経験がロボットには欠けているからである。

だが、最近になって３Ｄスキャナーとステレオカメラを組み合わせることで、複雑に重なり合った対象物の構造もおおよそ見分け、認識できるようになった。とはいえ、ひっかき回す能力、つまり目当ての対象物にたどり着くために他の対象物をどけて、重なり具合を自力で変えるようなレベルにはまだ到達していない。

ロボットたちが世の中の数多くのハードルを超えるための方法として、互いに協力させ合うことが効果的だと考えられている。人間同士が協力して地図を作成したり、得た知識を整理してウィキペディアに書き込んだり、技術的な基準値をＤＩＮ（ドイツの工業規格）として統一したりするのと同様に、ロボットも知識を互いに共有するといい。根本にある発想は、センサーで把握したデータ、それをもとに認識した対象物、その所在に関する情報、そして、その対象物の使用法などを大きな規格化されたデータベースに記録し、インターネットを通じてどのロボットもアクセスできるようにすることだ。このようなプロジェクトは、まさしく世の中を変えてしまうほどのインパクトを与える可能性がある。

たとえば、配達ロボットは配達先へ向かいながら、搭載カメラが捉える画像データだけでなく、それをもとにソフトが抽出した情報もデータバンクに送り込む。それと引き換えに、このロボットは、別なロボットが以前、同じ配達先へ向かった際に集めたデータによって抽出された所在地情報や３Ｄモデルデータを提供される。データセンターが保有するはるかに容量の大きいサーバーの演算力を駆使すれば、様々なロボットがセンサーを通して収集した情報を互いに比較でき、それらの経験値を活かせば、いまは限定されている認識能力の枠を大幅に広げることができるだろう。

本来なら、自動運転車は急に雪が降り出して道に積もってしまうとお手上げですぐに立ち往生してしまう。だが、散在するデータバンクにアクセスすることができれば、第一に、センサーでキャッチするデータをもとに降雪を予測し、局地的な影響について事前の情報が得られただろう。そして第二に、それまでに蓄積されてきたデータから、障害物の有無やそうした天候の際にはどのように対処すべきかを教えてもらえ、配達ロボットは任務を継続できるようになるはずだ。

オープンソースで加速する開発

ただし、プライバシーへの影響を考えると、私たち人間が抵抗を抱くのも無理はない。というのは、前述のようなシステムを構築するには、すべての機械がカメラやセンサーで捉えたデータを絶えずデータバンクに送り込む必要があるからである。技術オタクのロボット工学者たちは、この手の問題に触れると不快感を示すことが多い。だが、社会の受容を考えたとき、彼らもその問題をけっして避けては通れないのである。そして、機械たちが張り巡らせるセンサーデータの情報網が行きつくのはかならずしも、完全な監視システムという悪夢とは限らない。

データを活用する際には、カメラ画像をいちいち保存しておく必要はない。肝心なのは、そこから抽出する情報であり、対象物の位置、目印になりやすい基準、あるいはそれをもとに作成される仕様・対応マニュアルである。自宅や工場内といった私設空間用には、そうしたデータバンクのプライベートな領域を設定すればいいだろう。これにアクセスできる機械やロボットは個人が保有するものに限定される。家の掃除ロボットなどが、そのカメラやセンサーデータをグーグルの世界データバンクと共有する必要などまったくないからである。むしろ逆に、ロボットの所有者たちが、始終自分自身やサポートマシンたちの全方位画像を公的なデータバンクに自ら公開しなければいいのだが。そのようなデータバンクには、場合によっては諜報機関やビッグデータ分析者たちによるアクセスが可能だからである。

互いに情報を共有し、協力し合い、問題解決の道を探る方式はもともと研究開発の分野で生まれた。研究成果を公表すれば、他の研究者たちも同様のプロセスを繰り返し行ない、検証し、さらにはそれに則って研究を発展させることができるからである。エンジニアリング分野と情報技術分野を結びつけるロボット工学だけあって、相互の分野間で情報を共有し、協力し合う体制は近年急速に進んだ。公開されている研究とオープンソースソフトのおかげで、研究者たちは同業者の得た結果や見識を比較的容易に利用できる体制が築かれている。

協力体制の中心となるのは、ロボット・オペレーティング・システム〔ROS: Robot Operating System　米国のロボットベンチャー企業であるウィローガレージ（Willow Garage）社が開発を開始し、無料公開されているロボット用フレームワーク。オープンソースで使用は無料。同社は二〇一四年に事業を停止した〕と呼ばれるオープンソースの共通情報基盤である。これを活用することで、各センサー、カメラ、モーター用のソフトとそれらに関する標準化された言語をベースに発展させることができる。そうすれば、あるチームが新しいロボットを開発したい場合に、たとえば、人間とのインタラクションの新しい手法を考えるなど本来の開発テーマに集中して取り組むことができ、技術上の初歩的段階からいちいち始める必要はなくなる。車輪の発明から始めなくてもいいのと同様に、これは時間と手間の大幅な節約につながる。

ロボット工学者たちや産業界の研究開発者たちの集まる学会が回を重ねるごとに、その協力体制がもたらす効果が実感できる。一年前に発表した際には驚嘆の声と喝采を浴びた研究成果の新しい技術が、その次の次くらいには他の多くのチームの開発ロボットにあたりまえのように応用されているのだから。このように研究を促す目覚ましい効果を目の当たりにし、製造業界も小規模で安価なシステム向けにＲＯＳでの支援を提供する傾向にあるようだ。ロボット業界のテクノロジーはこのおかげで飛躍的に進化した。そして、どのロボット工学研究でも共通しているのは、人間と接する機械たちのミスを減らすことと並んで、人間にとってより優れた、安全で快適な存在につくりあげようとする熱意だろう。

人に恐怖心を与えないロボット

ロボットを人にとってよりフレンドリーな性質に設計するためのアプローチの一つとして、衝突した際に加わる力をセーブする、という方法がある。そのためには動いているときのモーターの出力と速度を下げればよい。そうすれば同僚ロボットがうっかり人間にぶつかってしまった場合でも、人間側はせいぜい青あざができるくらいで、腕が骨折するほどの大事に至らずにすむ。隣で働く人間がどの位置にいて、ちょうどどのような動作をしているのかをロボットがわかっていれば、ロボットも事故防止のために動きをゆっくりにしたり、あるいは人間の体の弱い部分の高さでの動作を避けたりするなどできる。加えて、スマートフォンのタッチスクリーンと似た原理のセンサーがロボットの腕に組み込まれていれば、人間が数センチの至近距離に来ただけで感知し、反応して動きにブレーキをかけることもできるだろう。

べつな研究アプローチでは、人間が道具を使うときの典型的な動きに着目し、ロボットにもそれと同じような作業動作を組み込むことで、ロボットが同じ道具を用いる際に人間が恐怖心を抱かずにすむように配慮している。たとえば、人間ならネジ回し、ナイフやはんだごてを手に持つとき、それを持った腕を突き出したまま歩き回ったりせず、無意識に、ふいに誰かが通りかかってもうっかり傷つけたり、あるいは自分自身がケガをしないように道具をもつ。ロボットにはこのようなマナーをプログラミングしてやる必要がある。つまり、危険な道具や材料をつかんだとき、自動的に注意深く、危険回避的に立ち振る舞うように、最初からインプットしておくのである。ロボットのインストラクターがそうした細かい指導をせずに済み、各状況に合わせて安全で相手に安心感を与えるような行動様式が備わっていれば、人間とロボットのインタラクションと協働作業はぐんと楽になる。

また、広範な研究分野としてロボットのいわゆるコンプライアンス制御が挙げられる。これは、動力をモーターで直接に司るのではなく、柔軟性のあるパーツや知能的な制御システムを用いることで、動かすアームなどが人間の手足のように屈したり弾んだりする機能だ。ロボットがどこかにぶつかったとき、反応としてアームの材質が一時的に湾曲するなどして衝撃を逃すことができれば、どんなにセンサーや制御技術が進化しても発生してしまう「クラッシュ」の損傷を多少緩和できる。

ロボット工学での「クラッシュ」とはその言葉通りの概念で、たとえば、ロボットがテーブルの端やほかの対象物にぶつかると、大きな音を立てるだけでなく、破壊か損傷が生じてしまう。

そこで、動きに柔軟性をもたせる仕組みを開発するにあたり、お手本となるのが生身の人間である。人間の筋肉に似せた機能が圧搾空気の入った管で作られ、かかる圧力により収縮したり、膨張したりする。あるいは、回転ローラーや伸縮する神経を複雑に組み合わせて動かすシステムもよく用いられる。その際にはモーターや空圧式のサスペンションが神経の伸縮を調整する。するとアームが操り人形のように動かされるわけだが、紐が内部に隠れているため、外からは見えない。そうして与えられた柔軟性により、機械でもスムーズな動きが可能となり、しなやかに見える。このようなマシンならぶつかっても破壊的なことにはならず、ソフトに弾み返すだけでことが済む。

一般消費者への広がり

各研究室で進められているロボット開発のデモンストレーションを見ていくと、その成果はどれも大いに印象ぶかい。だが、それぞれ異なる研究領域の最新技術が結集したときに初めて未来の全体像がより具体的に見えてくるのではないだろうか。いずれ、ロボットたちは二本足で、デコボコして障害物だらけのコースでも歩行でき、対象物をソフトに的確な力加減で握ることができ、ほかのロボットたちの助けを借りて見通しのきかない、整備されていない環境でも対応でき、ほかの機械とも直接交信し合うようになるだろう。

そしてさらなる目標は——これに関してはロボット工学における夢物語であると位置づけられることもあるらしいが——、これまで必要だった人工知能ロボットのプログラミングを専門家がやる必要がなくなる、というレベルに達することだ。というのも、ロボットを製造するところではなく、ロボットを実際に使用するユーザーが現場で直接プログラミングできたほうが、アシスタントや同僚を手っ取り早く養成できるからだ。それも、長期にわたる研修期間や専門知識を必要とせずに設定でき、プログラミングだけでなく、さらなる発展を促すことができれば理想的だ。

実際にこのような、プログラミングに関する新しいアプローチを目指しているのが米国企業、リシンク・ロボティクス（Rethink Robotics）社だ。創業者であるロドニー・ブルックス氏は、気鋭の大学教授の風格とオーラを兼ね備えた人物で、個性的なキャリア・バックグラウンドをもった人材に事欠かないこの業界でもとくに異彩を放っている。氏が以前に率いたアイロボット（iRobot）社は、単純な掃除ロボットを何百万もの世帯に普及させることに成功した。掃除機ロボットの「ルンバ」（Roomba）は、自律的に床に掃除機をかけたり、拭き掃除をしたりする。ほかにも、プールの清掃をする機種もある。

この小さなロボットを制御するアルゴリズムは単純だが、なかなかスマートに設計されている。ルンバはまず渦巻き状に動きながら絨毯《じゅうたん》のゴミを吸引し、そのうちにどこかにぶつかると、方向を変える。掃除を進めるにあたり、ルンバは空間のモデルを作成したりせずに、アルゴリズムによる統計的な動き回り方で、絨毯やプールの底を隈《くま》なく、少なくとも一回はかならずすべてを網羅して掃除するようにできている。床の同じところを何度も重複して掃除するので、人間ならこんなに手間と暇のかかるやり方は決してしないが、ルンバにしてみればこれで一時間よけいに時間がかかろうと、腰が痛くなるわけでもない。

このシンプルだが、多少昆虫の動き方に類似した、人間の発想にない方法のおかげで、どのメーカーも真似できない低価格の掃除ロボットが誕生した。ブルックス氏に、ルンバの初期の価格設定に関してどのような基準を設けたのかと問えば、返答は実に明快で現実的だ。典型的な中間層の米国人が、パートナーに相談することなくクレジットカードで支払える程度の金額。すなわちおよそ三〇〇ドルだという。このように、出費への心理的ハードルを下げておくことで、実際の機能性以前に、魅力的な謳い文句でアピールし、多くの消費者を「試しに買ってみよう」という気にさせることに成功したのである。

ルンバのブレイクはアイロボット社にとって大きな節目となっただけではなく、ロボット工学の世界にも新時代の幕開けをもたらした。というのも、シンプルな設計で簡単に使えるインターフェースがあれば、一般消費者市場でも大量に販売できることが証明されたからだ。いってみれば一夜にして、それまで試みがことごとく失敗し、野心とコストばかりが高くついた経験から避けられがちだった分野にも、冒険を厭《いと》わない投資家たちが熱い視線を注ぐようになったのである。

現場で手軽にプログラミング

ロドニー・ブルックス氏は目下、エンドユーザーである一般消費者市場で成し遂げたことを、まったく別な分野でふたたびやろうとしている。彼が新しくつくったリシンク・ロボティクス社は、小規模な製造現場や作業場での仕事に大きな変革をもたらすであろう、新しいタイプのロボットの開発とマーケティングに取り組んでいるのだ。このために、これまでロボットが基本的には大量生産を手がける大きな工場でしか使用されてこなかった理由だった、二つの主な問題点に挑んでいる。プログラミングの柔軟性と、価格である。

さて、小規模な製造現場とは、市場でもニッチな製品を扱い、製品のシリーズ化や頻繁なモデル変化に対応するため、生産個数が数十個からせいぜい数千くらいにとどまる。したがって、製造の仕様が変わるたびにロボットをプログラミングし直すと手間暇がかかりすぎてしまう。従来のロボットでは、新しい製造ラインの製品パーツを覚えさせ、正しく加工マシンにセッティングしたり、あるいは箱詰めするプログラミングを設定している間に、とっくに生産自体が終わってしまうことだろう。

リシンク・ロボティクス社の初代製品である「バクスター」(Baxter)なら、ブルックス氏曰く、二つの主な難点であるプログラミング機能と購入価格をクリアするという。リシンク・ロボティクス社のコンセプトは、小規模の製造現場に導入され始めた新世代ロボットのプロトタイプであり、注目に値する。

機能性のみを追求した従来の産業ロボットとは異なり、バクスターは人間に似せた造りだ。二本の腕があり、両肩の関節は大人の人間と同じような高さにある。頭があるはずの場所にはモニターがつけられ、バクスターが通常モードならそこには目が二つ映し出され、これからアームで物をつかむ方向へ視線を向ける。何かがうまくいかないと、モニターの顔は悲しげな、困ったような表情をする。バクスターはどこかに固定されるのではなく、本体にキャスターが付いていて、作業をする予定の場所に配置される。胴部とアームに組み込まれている様々なカメラを通し、バクスターは自分の立ち位置を認識する。

バクスターをプログラミングするには三通りの方法があり、なかでも最も簡単な手順が、最も画期的でもある。たとえば、部品をコンベアから箱に移すようにバクスターにプログラミングしたい場合、モニターに表示してある該当する機能を呼び出し、アームを直接つかんで動かしながら、コンベアのどの辺りのゾーンから部品を拾い出すべきか、動作を教える。まるで、子供に教えるときのように一度やってみせればいいのである。それから、集める部品がどんな形をしていて、入れる箱がどこにあるかを教えればいい。

これほど簡単なプログラミングなら三〇分もかからないばかりでなく、プログラミングをする人間のほうもある程度の平均的な知能の持ち主であれば、すぐに教え方をマスターできるという点が優れている。コストがかかる上、たいがい不足しがちな専門のエンジニアやエキスパートではなく、その現場で労働をロボットに代わってもらう人間が、ロボットをプログラミングするのである。ブルックス氏は、「代わってもらう」ではなく「補助してもらう」といういい方をするが、それはバクスターが新しい同僚になるべきであり、競争相手ではないとしているからである。

実際、すでにこのロボットたちを使っている現場では、フレンドリーで誰でもプログラミングできる機械の出現によって、今後の機械化がもたらすイメージが覆される兆しが現れてきた。その結果、将来的には労働の構造が根本的な変貌を遂げることになるだろう。

生産拠点「回帰」の可能性

もし、マシンの制御が高度な専門知識を持つ専門家の手にだけ委ねられるのではなく、創造性、責任感や自律性に基づく日常的な業務として、ごく「普通」の従業員が操作できるようになれば、昨今多く見られるようになった労働現場での高度技術者と作業員の分離化傾向の流れ全体を変えるかもしれないのである。

これまで見てきたように、自動化の結果としてそれほど高い技能を必要としない簡単な仕事が機械に取って代わられつつある。一時期話題にもなった、ファストフードレストランでロボットがバーガーを焼く、というのもその一例といえるだろう。それとは逆に新たに雇用が創出されるのは、主に高度な技能や資格を要する分野と、代替がきき、時間給で雇える業務ではあってもロボットにやらせるにはまだコストがかかりすぎる内容の仕事だ。ブルックス氏によれば、これまでにロボットを送り込んできたどの工場にも、従業員のなかからだれか一人はかならず、この新しいデジタルな「同僚」と熱心に取り組む人が出てくるそうだ。それも、もともと単純な作業のために雇った、だれも予想していなかった従業員こそがロボットに夢中になる傾向があるという。

バクスターがこれまでの産業ロボットと異なるもう一つの点はなんといってもその販売価格だ。従来の比較的単純な作業をこなすロボットでも、そのためのプログラミング代も含めて一〇万ドルはくだらなかったのが、リシンク・ロボティクス社は二万ドルの価格で提供しており、それでも十分な収益を見込める。

とはいえ、ブルックス氏もさすがに魔術師ではないので、バクスターはその五倍の値段がする従来の産業ロボットに比べれば、パワーも速度も精密さも及ばない。だが、安価な上、だれにでもプログラミング可能なロボットを作るという戦略は、ターゲットを絞ることによって成り立っているのである。なぜなら、バクスターが狙いを定めた多くの製造現場では、実際にはそこまで高度なエンジニア技術を駆使したシステムを必要としないからだ。

ロボットが持てる重量の制限、また作業の速度の制限をすることで、軽量で安価な部品で作ることができる。精密さに欠ける分は賢いソフトで補い、ちゃんと見なくても何かをつかむ人間と同じようなやり方で対象物をみつける。一〇分の一ミリ単位の正確さでつかむ代わりに、バクスターは対象物がグリッパー（つかみ部分）の間に収まるまで、てきとうにアームを動かして探す。グリッパーを閉じるときは、力センサーが対象物のどちら側に先に触れるかを認識し、それに合わせてアームの位置を補正する。見ているほうには、ロボットが対象物をつかんでからちょうどいいようにカタカタ揺らしているように見える。このプロセスには、高価な産業ロボット特有の緻密さと、少し恐怖を覚えるほどのパワーとスピード感はない。だが、その代わり格段に安く、多くの現場で十分に機能を果たすのである。

だれにでもプログラミングでき、操作も簡単な自動化技術の導入は大きな変革をもたらすだろう。柔軟で、仕事を教えるのが簡単なロボットと、コンピュータ制御された新世代の製造マシンを組み合わせたら、賃金が高い国々での製造業にまったく新しい展開をもたらす可能性もある。

リシンク・ロボティクス社は、かつてこぞって中国に製造拠点を移したメーカーが、ふたたび米国で製造できるようになるとアピールしている。ロドニー・ブルックス氏が描いている米国製造業界の未来像は、ドイツの中堅企業の方式をお手本としているかのような印象を与える。ネットワークを小さくおさえ、デジタル化を拡充させ、フレキシブルに自動化された中小規模の製造工場では多様で複雑な部品パーツを作り、販売とサービスとブランドイメージのケアなどを担うメーカー元で組み立てられる。

いまは中国の工場で低賃金労働者が担うベルトコンベアの流れ作業を、同じような柔軟性をもってロボットがこなせるようになれば、グローバル経済の構造が根本から覆されるだろう。現在でもすでに、なるべく販売市場の近くに生産拠点を置こうとする傾向が多くの製造業界で共通して見られるようになった。自動化がかなりの度合いで進んでいる業界、たとえば自動車メーカーは何年も前から主な販売先市場のある国で新しく工場を建てるようになった。

メーカーにとって、製造にかかる人件費の割合が低ければ低いほど、立地を決定するにあたって、ほかの多くの基準が重要性を増すことになる。輸送費、インフラ、送電網、環境要因、優れた人材の確保、税負担、政治的な安定度や法的規制などが、収益性を長期的な観点からみると、結局のところ人件費よりもずっと大きな決め手となるのである。人による労働をあまり必要としない製造を可能にする設備投資こそ、製造のありかたを左右することになる。

製造に関わる人員をさらに削減しようとする取り組みは、もはや西洋の先進国ばかりが推し進めていることでもなくなってきている。世界有数の電子機器メーカーであるフォックスコン（Foxconn 鴻海科技集団）社は、米国・アップル（Apple）の iPhone のほとんどすべてと、ほかにも多くの西欧諸国ブランドの電子機器やコンピュータ製品を手がけているが、中国における昨今の賃金の値上がりやストライキを理由に、ロボットを一〇〇万台導入する目標を発表した。この発表は、人間の器用な手作業を完全に代替できるほどロボットがまだ発達していないことから、いささか勇み足だったかもしれないが、目的は明確だ。賃金が上昇しても競争で勝ち残るためには、人員を削減しなければならない、ということである。

肉体的負担の軽減

この新しいタイプの、柔軟性の高い自動化とロボット化が何をもたらすかについては、各業界の特色や各製造工場の状況によって、当然ながら大きく異なる。乗用車の製造現場で目指しているのは、現在は主に人間の手に頼っている製造工程に、アシストするロボットを導入し、重労働だったり、反復が多かったりする作業を補助してもらい、肉体的な負担を軽減することだ。というのも、まだ完全にロボットが代替できるほどには産業ロボット技術が成熟していないからだ。

自動車メーカーたちはこの関連についてはまだあまり公にはしていないが、いくつかの例を見れば、将来的に人間とロボットがどのようなかたちで協働し得るのか、想像はつく。自動車工場でまだ手作業が多く行なわれているのが組み立ての工程だ。前述のコンバインハーベスターの製造現場でも見てきたように、溶接から板金加工に至る車両製造の作業の大半で、ロボット化が進んでいる。だが、何百とある小型部品や微細部品、すなわち内張り(内装)、ワイヤーハーネス、シートベルト、ダッシュボード、ハンドルやそのほか諸々の操作パネルなどの組み込みは、ほとんどがまだ手作業で行なわれている。

いずれロボットがこれらの組み込み作業をアシストできるようになるだろう。重くかさばるパーツを車両の中に運び込み、指定の位置に押さえながら、決められた箇所をネジで留めたり、接着剤を適量分つけておいたりさえすれば、人間の組み立て担当者が仕上げの微調整をして、押し当てるだけで作業は完了する。ロボットの手伝いを得ることで職がなくなるのか、生産率が上がるのか、あるいは労働が軽減されるおかげで年配の組立作業員も働けるようになるのかは、それぞれのメーカーが何を優先するのかといった具体的な状況や、技術の進歩のスピードにもよるだろう。

少子高齢化は、長期的視点に立って事業計画を立てる自動車メーカーにとっても重要なキーワードだ。それは、これから増える高齢者ドライバーを意識して、運転支援システムや部分的な自動運転の導入を進めていくという消費者サイドのことだけでなく、製造サイドとしてもひとごとではないからだ。たとえば、自動車メーカーの組み立て現場では、とくに無理な姿勢を長くとり続けたり、繰り返し同じ動きをしたり、そのほかにも肉体的な負担が大きいため、五〇代以上の従業員が働いていることはめったにない。だが、そこを柔軟で賢いロボットと協働する体制に変えれば、肉体的な負担が軽減される上、自動化を通して制御しやすくなるのでより長く働けるようになるだけでなく、デジタル好きの若い年齢層にとっても魅力的な職場になるのではないだろうか。すでに従来の産業ロボットの大半を導入している自動車メーカーたちは、そんな期待も抱いているようだ。

「インダストリー4・0」の狙い

柔軟性の高い自動化が進められているもう一つの理由は、昨今の産業製品はますます消費者個人の好みに合わせてカスタマイズされる傾向が強くなっているからだ。いまどきの高級車のオプションカタログを見たことのある人なら、メーカー側がこれほど多様な装備の種類をどうやって扱いこなしているのかと、驚いたにちがいない。だが、それを支えているのは入念に設計されたコンピュータシステムである。車一台一台のために作成されるデータ記録をもとに、必要な事柄のすべてが自動的に手配されている。部品の取り揃え、在庫の確認、オプション装備の組み合わせによる互換性の確認、パーツや部品をコンベアへ送る的確なタイミングと場所の特定、組み立て従業員への取り付け指示連絡など。

このような仕組みのさらなる拡充の推進は、「インダストリー4・0」というスローガンのもと、近頃なにかと話題になることが多い。発想としては、すべてがネットワークでつながり、柔軟に自動化された工場において、仕掛品や製品の一つひとつに、機械や従業員に知らせるべき作業指示が直接デジタルデータとしてついている、というもの。コンピュータが読み取れるバーコードや電波ラベルを製品に直接つけておけば、そこから製造上の指示が伝わる。ロボットは、目の前にどの仕掛品があってそれをどのように扱うべきか、加工マシンはフライス、穴あけ、あるいは打ち抜き作業をどのようにすべきか、倉庫ロボットはそれをどこに格納すべきかがわかり、メンテナンスを担当する技師には、自動的に的確な修理手順がモニターに表示される。

これを実現するためには、作業工程のデジタル化とネットワーク化をさらに思い切って進めなければならない。いまでもすでに大部分がコンピュータによって行なわれているパーツの設計でも、これまで以上に、パーツ製造のための加工プロセスを先取りして取り込む必要が出てくる。だが実際にやるとなると、一筋縄ではいかない。というのも、それぞれ異なる大量のデータフォーマットやソフトウェアシステムが統合されなければならないからだ。原料生産に始まり、品質管理を経て、部分購入、輸送、倉庫管理、生産および人員計画、加工マシンとロボット、配送ロジスティクス、販売に至るまでのすべてが同じ言語をつかい、互いに結びつかなければならない。

このような規模の大きさは、六〇年代や七〇年代に注目されたサイバネティクス経済のコンセプトによく似ているかもしれない。ただ、大きな違いはソフトウェアが全体の構造の中でもはや中心化、ヒエラルキー化していない、という点だ。「インダストリー4・0」のコンセプトでは、どのエンティティ〔一単位として扱われるデータのまとまり〕であろうと、それぞれが自律したものとして扱われ、独自のアルゴリズムに合わせた最適化目標や目標パラメータに従いながらも、すべてのレベルで機能しなければならない。

たとえば、ある加工工場が、コンピュータ制御されたフライス盤を最良の状態で、あるいは最低限コストの採算がとれるようにフル活用したいとする。二本のロボットアーム、一台の運搬ロボット、そして五機のフライス盤と回転盤から成りたっている加工室を司るソフトトは、各々の発注をこなすための加工時間およびマシンとツールの摩耗を極力少なく抑え、求められる品質が損なわれないように最適化している。

そこからまたソフト用のパラメータのオプションが導き出され、フライス盤が加工を施す際に最適な回転速度で作動するよう制御する。回転が速すぎると、機械の摩耗が進み、加工時間は減っても品質が低下するだろう。回転が遅すぎると、工程が長くかかり、収益性が落ちてしまう。それゆえ関係するどのエンティティも、各々の制御ソフトが互いに連絡し合い、それらを統括する一つ上のレベルに伝える。すると、この加工室のすべてのフライス盤が自ら、現在取り掛かっている仕事にかかる予測時間とメンテナンスサイクルをこの加工室用の受注ソフトに知らせ、それが今度は仕事をこなせるキャパシティや能力を生産計画システムに知らせる、という仕組みだ。

このような自己完結型の仕組みが確立してしまえば、工場における人間は、不具合の解消と、それまでにコスト面から自動化が十分に進んでいない業務だけを担当すればいい。作業の指示や依頼は、判断を下すソフトから受けることになる。ただ、この連携システムはすでに製造現場では例外というよりも当たり前になってきている。

青写真が現実に

こうした自律型ソフトをもつ要素が互いに伝達しあって構築するシステムは、「マルチレベル・エージェントシステム」と呼ばれ一時は注目を集めたものの、用語として産業界ではあまり浸透していない。というのも、数年前にＩＴ技術者たちが、すべてをこのエージェントシステムで制御できると興奮気味にシナリオを描いていたわりには、実際にはすぐに実用性のあるモデルを生み出すことができなかったからである。ソフト分野でありがちなことだが、開発に予想外に長い時間がかかると、そのうちに誰も当初の夢物語を相手にしなくなってしまう。そして一〇年あるいは二〇年たって、いつの間にか技術的な要件がそろい、いよいよ実際に——たいていは、もともとの計画に様々な変更を加えることが多い——やり始めると、多くの人が驚くのである。

一例を挙げると、「学習能力を持った機械」のためのアルゴリズム開発は、大学の研究機関などで何十年も絵に描いた餅状態だった。それがここ数年で急速に脚光を浴びるようになってきた。インターネット、モバイル通信、ソーシャルメディア。そして人々の生活圏や仕事分野のデジタル化が生成する膨大なデータ量と、何百万ものプロセッサーから成る大規模並列処理能力をもつ昨今のコンピュータの記憶容量の飛躍的な拡充が、かつては絵空事だと思われていたアルゴリズムやコンセプトに実現味を与えるようになったからだ。そして、これが実現したらどのような影響をもたらすかといった問題については、十分に考える時間があったはずだったにもかかわらず、ほとんど議論がされてこなかった。当初の話題性が中身を伴わずにしぼんでいくと、人々は急速に関心を失い、議論のタイミングも逃してしまうからである。

「インダストリー4・0」のビジョンが巷《ちまた》で現実となるまでには何年も要するだろう。だが、基本的には現段階でも実現の足かせとなるような技術的なハードルはもはや存在しない。つまり、要件はすでに十分満たされているのである。製造組織において、仕掛品に、国際統一規格の識別記号を与え、工場やロジスティクス上の流れの中で自動的にデジタル制御でき、中心システムは大まかな総合管理だけを司るという方式への切り替えは、多くの分野でもう始まっている。

この動きの兆しとして、これまでの二〇年は大手企業がこぞって経費節約とスリム化の名の下にIT部門をアウトソーシングしてきたのが、最近はふたたび内部に取り戻す傾向が顕著だ。多くのアウトソーシング契約がコストや予期してなかった不都合を生んだという理由ばかりではない。すべての製造プロセスをネットワーク化したアルゴリズム制御へ切り替えることで、もう後戻りできない体制をつくるため、そして、そのような連携システムのより優れたアルゴリズムがもたらし得る競争上の大きな優位性から、もうこれ以上外部に頼るべきではない、という姿勢になったのだろう。

かたや信頼性の問題であり、かたや直接競争力にいっそう深く関わってくる問題でもある。競合他社がもっと優れたアルゴリズムを用いて成功しているのに、自分たちは委託した外部の業者が提供するスタンダードなもので満足している場合ではないのではないか。いまや、ブロードバンドや保存容量といったコンピュータサービス一式は、本来重視すべき目的とは無関係に借りてしまえるものなのである。データバンク、センサー網、エージェントアルゴリズム、データフォーマットの互換性こそが、システムの各部分同士の連携を可能にするために不可欠なツールだ。製造現場でどこまで効率性、生産性と柔軟性を実現できるかは、ソフトの構成員によって決まってくる。少なくともネットワークとアルゴリズムの開発に関して、自ら手綱を握ることが企業にとってふたたび重要になったのである。

医療分野におけるデジタル化の是非

近い将来、膨大なデータとアルゴリズムが物事を左右するようになるのは製造の場に限ったことではない。私たちの日常生活でも、ニーズ、コミュニケーション、暮らし、そして社会生活の大きな部分が、ソフトに支えられた自律性をもつシステムとの関わりを現在よりもさらに深めていくことになるだろう。

医療や介護といった、さすがにまだ「聖域」とみなされるような分野でも、自動化やロボット導入の流れには逆らえない。患者データをすべてデジタル化して把握すれば、やはりアルゴリズム上の最適化の基盤をつくることができる。現在でも医療従事者は、ばかにならないほど多くの時間をデータの打ち込みのために取られているが、それは支払い処理だったり、医療ミスが生じた際に治療記録をたどれるようにするためだったりする。

治療や看護といった本来の業務からはかけ離れた雑務が、自動的かつ副産物的に出来てしまえば、どれほど現場の負担が減るだろうか。体温や検査データ、処方した薬や施した治療を、その場ですぐにデータ化できるとしたら得られるものは計り知れない。これらのデータをもとに包括的な分析を行なうことができ、重要な見識が得られ、医学の進歩を望めるかもしれない。

現在の方式では臨床試験を通して初めて得られるデータも、治療の一環で自動的に得られ、分析できるようになる。どの医薬品が、どの患者に効いただろうか？　遺伝的な要素と副作用の発生率はどのような関係があるのだろうか？　他のやり方に比べ、どの治療コンセプトが、どのような状況において、優れていたり、劣っていたりするのだろうか？

ただ、その際、自動化というテーマ全体に提起されるべき共通性と重要性を含む問題が浮かび上がる。アルゴリズムと分析は、なにを目的として最適化を求めるべきだろうか、ということである。たとえば、医療現場のコストや人員の削減を優先的にすすめた場合、数字と統計をベースとしたアルゴリズムはおそらく、患者が医療機関側にとって収益性の低い公的保険加入者であるという理由で、治療を拒むのではないだろうか？

医療保険制度においてもデジタル化が進むなか、このような倫理上の問題は複雑で、簡単に答えは見つからない。したがって最適化の目的を定義すること自体が困難であり、健康保険制度の巨大な枠内には利益追求型だけに限らず、ほかにも首を傾《かし》げざるを得ない基準が数多くあることを認識させられるのである。

また、このような身体的、精神的な苦しみや弱みに関する私的かつ個人的な情報は、極めてデリケートな性質であるため、非常に慎重な取り扱いが求められる。したがって、たとえば研究目的のためにデータを共有する場合は、厳格な個人情報保護と匿名化の規定が適用されなければならない。

医療分野の多くの専門家は、医療体制内で生成されるデータを広範に利用しなければ、慢性的に続くコストと保険料の値上がりを克服することはできないだろうという意見だ。ただ、これまでのところ、データが漏洩すれば患者に与える損害は計り知れないにもかかわらず、そのリスクを犯さずに済む方法も、最適化の目的を定義するための社会的なメカニズムがどうあるべきかも提示されていない。こうした理由から自動化の流れのなかでも、医療分野では一種の「渋滞」が発生している。この渋滞は、重要なプロセスを経ないうちに、活用し得る技術をフルに駆使してしまうことにブレーキをかけているといえよう。つまり、リスクや不安要素について十分に議論した上で対策を取り、この技術が何のために生かされるのかを――果たして様々なプレイヤーの利益をはかるためなのか、あるいは患者の幸福のためなのか――、明確に打ち出すことが先決だということである。

このような状況は、人々に関わる膨大なデータを扱う可能性のある様々な分野で見受けられる。つまり、自動化と総合社会的な効率性の向上には、まだまだ大きな余地が残されているわけだが、それはかならずしも「もっと売上を伸ばす」といった商業的な側面ばかりに向かうとは限らない。そうした意味でも、私たちが絶え間なく生成し、残していくデータがいったいどのように、そして誰のために活用されるべきなのか、という問いこそが、これからの社会のあるべき未来像を決定づけていくことだろう。

いまの段階では、情報化時代の資源がせいぜいサービスの向上をもたらす、と気休めにうたっている程度で、社会に還元されることなく、私物化される一方に思えてならない。また、ユーザーや顧客のデータを保有すること自体が目的化してしまっていないだろうか。いずれは優れたアルゴリズムを用いてそれらのデータを分析し、ますます合理化と効率化をはかり、収益をアップさせるという期待と名目のもとに。

さて、自動化の波は物理的な領域だけに押し寄せて収束するわけではない。そこからさらに進み、人間だけの専用領域だと思われていた部分にも着実に流れ込んできている。すなわち、知能の自動化である。

第10章
知能の自動化

ずいぶん以前に人は機械を市販化したが、その機械たちが同じ仕事をより上手く、より早くこなしたので、人々の生活の糧を失わせた。不幸なことに機械たちは常に良い仕事をし、人間のはるか先を進んでいたからである。すると、重要な役所に勤めていた、中途半端な凡庸さを乗り越えたかった男たちは、可能な限りすべてを機械的にこなすことにした。自然的機械になることは不幸にも無理だったので、せめて人工的機械になろうとしたのである。

ジャン・パウル（一七六三―一八二五年、ドイツの小説家）

頭脳労働の静かな代替

知能が要求される職に就いているから、そう簡単にコンピュータに取って代わられることはなく、将来的にも安泰だと考えている人は、世の中の進歩を案外甘くみすぎているかもしれない。知能の自動化、すなわち脳を使う仕事をソフトウエアやアルゴリズムが代わりに行なうようになった場合、製造現場でロボットや機械の導入がもたらしたよりもさらに大きな変革を職場や暮らしに引き起こす可能性が十分にあるからである。

特徴的なのは、このプロセスの大半が世の中の気がつかないところでどんどん進行していくことだ。その理由としては、製造現場でのロボット化とは異なり、多くの場合、変化そのものが一目瞭然ではないため、視覚的にうったえるメディアではなかなか取り上げられないからだろう。仮に、チカチカ光るキーボードや画面に1と0の数字ばかりがぐるぐる恐ろしげに回っているように演出した映像など、いったい誰の興味をひくだろうか？　コンピュータ化はひっそりといつの間にか進んでいた、ということが多く、工場などで半年前は人がいたところにロボットが配置されている、というような明らかな変化ではないのである。

物理的な自動化はその範囲だけにとどまらず、ビジネスの運営の仕方そのものにまで変革をもたらすことがある。その仕組みをわかりやすく説明できる例として、銀行業務が挙げられるだろう。かつては多数の支店があり、行員たちが顧客の振込、振替や払い出しの手続きを、専用の記入用紙をつかってやったり、融資やローン、借入の相談を受けたりした。今は、支店の数も激減し、そこで働く行員の数も減った。

顧客たちは振込をオンラインですませるか、銀行に設置された機械を使ってすませるようになり、現金の振込も引き出しも同様に簡素化した。現金を扱う割合は全体的に下がり、その代わりにクレジットカード、PayPal、ECカード〔ドイツで最も普及している口座引き落とし型の決済カード、ユーロ圏のデビットカード〕などの電子決済が増えた。お金に関わることで、あまり日常的ではない相談をしたい場合は、銀行の相談ホットラインに電話すればいい。銀行の支店に足を運ぶのは、資金の借入をしたいがオンラインで申請するのではなく、やはり生身の人間を介したい、という先祖返りがおこったときくらいだろう。

だが行員が実際にもつ権限は非常に限られている。当座貸越の限度額を短期的に増やす以上のことになると、行員はコンピュータソフトがアルゴリズムを駆使して下す判断に従うばかりだ。相談に来た顧客の信用格付けが低く評価され、貸付不可の結果がでた場合、行員自身がその評価に首をかしげようとも、やれることといえばその顧客にやんわりと不可の審査結果を伝えるくらいしかないのである。生身の人間同士のやりとりの唯一の利点を挙げるとすれば、行員が過去に多数の案件を処理した経験や銀行内部の指針などを熟知しているおかげで、巧みにべつなルートを用いて顧客の望みを叶えてくれるかもしれないということだろう。

行員の主な任務はしかし、投資ファンド、公債、債券、証券などといった金融商品の販売である。しかも、顧客に勧めるのはほとんどがベストなオファーでさえないだろう。というのも、お客がその気になればインターネットを駆使し、自力でいくらでも調べられるからだ。ただ、知識が不十分で、多数の商品に途方に暮れてしまう客がまだ多くいるのも事実で、思い違いであろうと人間同士の信頼関係を頼り、相談に乗ってもらいたいと望む客のために、行員は支店にいるようなものである。

ただし、同じ行員がまだとうぶんはその支店にいて、顧客との信頼関係を失わないよう不良品を売りつけたりしないはず、という期待が前提となるのだが。あのリーマンショックを引き起こしたサブプライムローンの不良債権化以来、最後の忠実な顧客たちも従来型の勘違いから目覚めたことだろう。結局のところ、銀行員たちが基本的に売っていたのはソフトが提案し、一番コミッション料が高い商品だったのである。それを顧客に売りつけた行員は、怪しい投資商品が悪玉だとわかるや、さっさと別な支店か部署へ移ってしまっていた。中立の機関が銀行のコンサルテイング業務に関する評価を実施すると概して芳しくない結果が出るのは、まさにこれを裏付けているといえる。

銀行業界における自動化は、かつて人間がしていた仕事をロボット、すなわちほかならぬATM（現金自動預け払い機）が代替することで進んだ。貸付、ローン、融資などの決定は人間が下すのではなく、その顧客とそれまでのお金の出入りについてわかっている何百という構成分子や数値からなるアルゴリズムが提案したことに従うようになった。そして、銀行員の直感や経験の代わりにソフトが判断基準をきめるようになった。また利用者側も銀行手続きをオンラインで処理することにすっかり慣れた。こうして業務全体に変革が起こったというわけである。

同じように、頭脳労働の代替は多くの分野で進んでいる。経験、知識や直感をソフトが模倣し、それまで人間がはっきりしない根拠で甲乙をつけていた事項を、統計と最適化と確率計算が補う。ソフトに支えられた判断方式の導入は、それによって得られる効率化、最適化の可能性、ミスの低下と決定に関わる要素の論拠が明確であることを理由に肯定されてきた。往々にして非合理的で信頼性が不安定な人間は、パーフェクトとされる機械に取って代わられたわけである。

どんどん緻密化するアルゴリズムに頼っているのは、融資や投資の判断・決定や株式の投資ゲームの場である自動的な取引システムばかりではない。多くのところでソフトが直接的に判断を下している。たとえば、商取引やロジスティクスでは、搬送ルートや在庫管理、商品購入のタイミング、価格設定や値引きなどが、人間の脳で把握できる量をはるかに超えるデータをもとに算出される。たいていは機械が下した判断結果を実行する前に、人間が最終的なチェックをしてゴーサインを出すようになっているが、それはたまに発生するエラーや、アルゴリズムの明らかに誤った予測を見つけて正すためである。ただし、このプロセスにかかる時間は大したことはない。

一部の大企業ではすでに、調達、購入、倉庫管理や予算編成、人員管理、生産計画、顧客管理、発注管理などを巨大なソフトウェアパッケージとして、SAP社（本社はドイツのヴァルドルフ）のようなソフトウェア会社に外部委託し、そのデータバンクやソフトなしでは成り立たないくらいだ。その結果、それまで何千人も働いていた部署も半数やそれ以下にまで人員が削減された。

ビジネスの決定を下すソフト

だがそれはソフトを導入し稼働させただけに留まる話ではない。最適化の可能性をフルに実現するために、今後はソフトが司ることになる業務プロセスそのものにメスを入れる機会となった。ソフト化するということは、業務プロセスをもはや人間の処理能力に合わせる必要はなく、広範なデジタル化とアルゴリズム上の処理能力を駆使するための要件や、使用するソフトのルールに合わせることにつながるからである。

通常、企業が業務プロセス用に新ソフトを導入するとき、それを機に組織の大規模な再編成と構造転換に着手することが多い。すると、この転換の副産物として見受けられるのは、そうした大企業の内側の構造がだんだんと互いに似通ってくる、という点だ。企業ごとの用途に合わせてカスタマイズしているとソフトの開発側はアピールしてはいても、同じような仕様やテンプレートを応用しているにすぎないため、必然的に似たようなソフトを用いることになるからである。

そもそも、SAP社やオラクル(Oracle)社といったほんの一握りのソフト会社だけが市場の大半をシェアしている事実も見逃せない。

ただし、部署、責任の所在、役割や担当、事業経営上の制御パラメータや人事を決める方式が類似したソフトで運用されていると、企業の買収や合併の際に、コストの節約になるとして利点が大きいという面もある。というのも、通常は双方のデータの統合にかかる費用が、人員整理に伴う人件費に次いで高くつくものだからだ。

ソフトの理論はますます、企業の構造全体とその運営に強い影響を及ぼすようになった。それも、スタンダードなソフトに少しばかりの変更を加えた上で、企業全体をソフトに適応させてしまうほうが、逆にするよりも手軽だからである。そのため、SAP社のソフトを導入する企業にチームを派遣する際、ソフトの知識を持ったアドバイザーばかりではなく、企業マネジメントコンサルタントもチームに加え、ソフトの諸要件と併せて運営プロセスもひっくるめて手を入れるようになってきている。

ネットワーク化が進んだ経済へと移行するに従い、ますます規格化されたデータのやり取りを通して事業の運営を行なうことが主流となり、それによりプロセス自体が加速していくだろう。「インダストリー4・0」の謳い文句は、完全にネットワーク化した自動的な生産プロセスを実現すべく、システムの構築と充実を目標としている。現在もすでに、たとえば大手自動車メーカーとその下請け会社は、ソフトウェアシステムで直接つながっているため業務の大半が自動的に運営されている。

これを可能にするために規格化されたデジタルインターフェースの中でも一番メジャーなのがＥＤＩＦＡＣＴ〔United Nations Electronic Data Interchange for Administration, Commerce and Transport　行政、商業および輸送のための電子的データ交換〕だ。これは国連の支部組織によって国際共通規格を設定したもので、これを用いれば多種多様なデータ交換が容易になり、部品を注文したり、輸送したり、見積もりオファーを出してもらったりする際に便利だ。とはいえ、まだ注文依頼が処理される前の段階の大まかな枠組みについては、企業の購入・販売部門の人間が交渉していることが多い。というのも、相互の信頼関係、長年の取引関係や戦略的な技術提携といった、客観的な数字では把握しきれない要素が入ってくるからだ。だがいったん枠組みが決まってしまえば、各々の詳細なプロセスは極力ソフトの範囲内で処理される。

企業でデジタル化が進むほどに、ビジネスの全分野の詳細、内部や外部の運用プロセスが規格化されたデータとしてまとまって分析可能となり、これらのプロセスの自動化はますます容易になる。穀物や家畜の需要マーケットサイクルは今や、何百もの要素を計算に含んだ、投資家たちのアルゴリズムによって分析される。市場データの歴史上の推移、天候推移と予報、不可欠な肥料の価格、その価格を左右する天然ガス、家畜用飼料の入手のしやすさと価格、あるいはチェーン系スーパーの販売高に関するこれまでの推移など。

このようなプロセスや判断事項の最適化で興味深いのは、いわゆる人工知能の様々な亜種、たとえば機械学習〔machine learning　人間の学習能力と同様の機能をコンピュータで実現する技術〕やサポートベクターマシン〔support vector machine　「教師あり学習」という機械学習の手法を用いるパターン認識モデルの一つ〕などといったものから生まれた専用のアルゴリズムが、各々の因果関係をもとに完璧な予測を立てることを目的としていないことだ。それよりも様々なトレンドやデータベースとの間の相関関係をみつけ出し、現行の状況に適用し、そこから想定し得る未来像を複数描きだす。その際、重要なのは正確な知識や学識ではなく、十分な確率で正解を言い当てていることだ。

複雑を極める商業上のアルゴリズムだが、販売サイドの生産現場である穀物販売業者や屠場などの仕事にも、多少シンプル化したものとはいえ、反映されるようになってきた。大規模農場や製粉場では、独自のアルゴリズムやソフトを用いて販売や屠畜のタイミングを決めており、さらに、まだ収穫前の農産物を対象としたオプション〔収穫後にあらかじめ定めた一定の価格で売買できる権利〕の価格や発行のタイミングも算出される。この傾向が進むことで起こる潜在的な副作用は、これまでは決定を下すために頼っていた人々の経験の価値が徐々に下がっていくことである。というのも、感覚、記憶、統計的な知識や直感などをベースとしていたメカニズム自体が以前と比べて変化、あるいはまったく別物になってしまうからである。ソフトがソフトと交渉して取引契約を目指すようになると、こちら側の人間が交渉相手に人間を期待しても、そのうちにそのような相手が一人もいなくなってしまうかもしれないのである。

アルゴリズムが記事執筆

技術発展がいかに職場の日常に影響を与えたか、ごく些細な例を見てもわかるだろう。たとえば弁護士事務所などでは、ここ数年の間に弁護士一人につき雇うアシスタントや秘書の数がどんどん減ってきている。実は本書の執筆にも大いに役立った、口述筆記ソフトをつかえば、話したことがそのまま文字になり、かつては典型的だった秘書の業務は多くの事務所で取って代わられた。資料のデジタル化により、多くがコピペで作成されることの多い書類の送付も電子化が進み、時間の節約につながった。

標準化された法的プロセスも、手続き業務量を必要最低限までに減らした。音楽や映画業界で著作権がらみの警告書を扱う法律事務所はこうしたソフトをとりわけ先駆けて導入していた。またとくに米国などの弁護士たちも企業間の大きな訴訟案件を抱える際には、証拠提示用の膨大な資料やデータから弁護側の材料に使える情報をさがす作業をますますソフトに頼るようになり、キーワードを検索するのみならず、異常、不規則性や疑念点を追求することが可能になっている。

そのためのアルゴリズムを開発する側は、違法性のある、あるいは通常ではない行動が普通のプロセスとは異なるコミュニケーションパターンになる点を利用する。データ内にそのような「異常」が見つかった周辺には、探し求めていた汚職を示唆する内容やディテール、ルールに反する口裏合わせやその他の違法行為の糸口が見つかることも多い。これまでは、それらの資料やデータに目を通して証拠を発見するため、十数人もの弁護士たちが何週間も費やしたものだった。

人間の創造力に関しても、以前までアルゴリズムでは代替不可能もしくは限定的にしか可能とされていなかったものが、多くの分野でそうとはいえなくなってきた。なかでもナラティブ・サイエンス(Narrative Science)社の取り組みはかなり進んでおり、ソフトにストーリーを書かせることを目標にしている。ストーリーといっても、利益を追求するスタートアップ企業だけあって、作成するのはメルヘンや昔話ではなく、企業の四半期決算報告やスポーツ記事である。

米国で人気のあるスポーツ、たとえば野球やバスケットボールといったゲームに関する何百万もの新聞記事を、試合展開、ボール保有率、得点、統計的な特別事項、記録などと比較して分析することで、このナラティブ・サイエンス社のシステムは人間がどのようにスポーツ記事を書くのか学習したのである。様々な状況に応じてよく使われるフレーズや、言葉のつながりが抽出されてデータバンクに記憶され、ソフトがちょうど作成中の報告のなかに、過去にも似たような状況があった場合、当時使用された文章の一部が描写に使われる。

もちろん、すぐにそれとわかるような言い回しの繰り返しをさけるために、データのコンテクストや、ソフトが書いた記事に使用された文脈が最後に使われたのはいつだったかわかるようになっているし、正しい文章の成り立ちや文法に注意するモジュールなども加わり、記事の文章や段落が完成する。こうして、むき出しの定式化されたデータから、まるで人間が語るようなストーリーが出来上がるのである。

アルゴリズムが生成したスポーツ記事を、実際に新聞の読者に読んでもらうというテストを繰り返していくうちに、ソフトはどんどん上達し、しまいに読者は記事を読んでもそれがソフトの書いたものか、人間が書いたものか区別できないほどにまでなった。以来、米国のさまざまな新聞社は実際にこのシステムを使うようになった。公表する場合もあるが、ほとんどは公表せずに使用し、とくにスポーツのマイナーリーグもしくは二軍・三軍のゲーム記事を作成させている。この分野を専門に書いていた記者や編集部はあっという間に無用化してしまったわけである。

すでにライバル社も出現しているナラティブ・サイエンス社の文書作成ソフトのもう一つの得意分野は、どの上場企業にも義務づけられている四半期決算の報告書である。こうした記事はもともと一部の投資アナリストたちが読んだり分析したりするものだが、今ではアルゴリズムに従って自動的に株式トレードをするコンピュータも情報をインプットする「読者」だといえるだろう。報告書生成の仕組みはやはり先述したスポーツ記事と同様だ。ソフトから抽出された企業の最新の業績数値、その前の四半期の数値、様々なマーケットにおける状況を示す値や関係するデータなどが、報告書の骨組みとなる事実関係の材料として収集される。

報告記事作成ソフトは、それらの材料を用いてスポーツ記事を書くのと同じ原理で文章化し、要望があれば表もつけたりするが、もはや人間が書いたものと変わらないレベルだ。四半期報告は、内容が法的に規定されている部分もあるため、それを取り入れた文章の構造がスポーツ記事の場合よりも似ていたり、繰り返しが多かったりする。誰も文学的に優れたセンスなど期待しておらず、むしろ淡々とした事実のみが求められる。このように生成された四半期報告記事と対峙するアルゴリズムのほうでも、なるべくよけいな修飾語がないほうが理解しやすいのである。

ただ、このアルゴリズムの方式、すなわち大量にアーカイブ化された記事をつかいながら、人間の読者にとって読みやすくするために、データから起こした骨だけの文章に肉付けするやり方は、あらゆる種類のテキストに向いているとはいえない。文章化すべき内容が、整理されたデータとして存在し、それを加工してテキスト化すればいいだけならうまく機能する。そうではなく規則的な構造がない文章、たとえば刻一刻とリリースされるニュースラインや書類などが対象の場合、要点をさらにべつのアルゴリズムで利用できるほどシンプルにして抽出することが、他のアルゴリズムである程度までできるようになってきた。

Siri の思考回路

このいちばん身近な例として挙げられるのがアップルの製品に搭載されている言語制御検索機能ソフト、Siri（シリ）である。Siri や他の同様のアシスタントは、ごくふつうに話しかければ知りたいことを答えてくれる。たとえば、今営業している最寄りの薬局、明日の天気、次の満月までどのくらいあるか、など。

質問の大半は、ウルフラム・アルファ（Wolfram Alpha）という名の、いわゆる質問応答システムソフトが答えている。これは、スティーブンとコンラッドのウルフラム兄弟が創設したウルフラム・リサーチ（Wolfram Research）社が開発したソフトだ。スティーブン・ウルフラムは「マセマティカ」（Mathematica）を開発した人物として有名で、超難解な数学的・論理的問題をコンピュータで解けるようにした。マセマティカはまさに「思考ツール」であり、難解な計算や演算を、たとえデータ量が膨大でも簡単かつ迅速に処理できる。

学校の生徒にとって電卓にあたるものが、研究者、証券取引アルゴリズム開発者やエンジニアたちにとってのマセマティカなのである。フレンドリーで控えめな人物であるコンラッド・ウルフラムは、これからは自然科学系の教育の方向として、コンピュータやソフトが人々にとって退屈で単調な仕事を代わってやるようにし、人間にとって興味深く、真に挑戦を意味するような研究と解明に集中できるような体制に整えていくべきだと熱心に説いている。頭脳労働の機械化がこれからの未来には当然だととっくに見抜いているのである。

ウルフラム・アルファが機能する仕組み、すなわちSiriとその仲間たちを支える人工知能を、彼は次のように説明する。人間とはわりとよく同じ質問をし、しかも比較的予測できるようなやり方で発するという。「つぎの満月まで、あとどのくらい?」と尋ねると、ソフトの最初のレベルが答えを算出するために必要な、関係する言葉たちを質問の中から抽出する。この質問のケースでは、「あとどのくらい」と「満月」。アルゴリズムの構造へこれを翻訳すると、「次の満月の予定日　マイナス　現在の日時」という計算式になる。

次の満月がいつなのかは、各分野の専門家が用意し、アルゴリズムが使えるようにした何百というデータバンクから抽出した知識ベースのおかげでわかっている。たとえば「ドイツの国民総所得は、日本に比べてどう?」と訪ねた場合、ソフトはデータベース知識から両国の数字を抽出し、その相関性について、歴史上の推移をわかりやすいグラフにするだろう。

ウルフラム・アルファのアルゴリズム的な魔法の種はつまり、人間によってアルゴリズム向けに準備されたデータベースなのである。というのは、ソフトはまだウィキペディアを読んで、事実や関係性を理解して会得するところまでには至っていないからである、まだいまのところは。だがいったん開拓してシステムをつくり、演算が可能になると、どの新しいデータバンク、新しく加えられた物理的、数学的な事実も、ソフトの計算で新しい関係性を開拓できるのである。

結果として、あらゆる質問にも即座に答えることのできる、恐るべき人工知能という印象を与えるだろう。答えへと導いてくれる計算式は、人間の発した質問からそのたびに生成され、データベースに適用されるのである。こうなれば、どんなに複雑な質問であろうと限界などない。プロ向けの有料バージョンでは、研究者たちが手元のデータベースを計算の基盤として加えることができ、それらのデータ内の関係や相関性を、ディテールに煩わされることなく、楽に見つけ出すことができる。通常の検索エンジンがいくつかのキーワードをもとにネット上で探してくれるのと同じように、アルファもデータベースをもとにすぐに直球で答えてくれるのである。

いまでもすでに、似たようなシステムがコールセンター業務の自動化のために活用されている。知識ベースを基盤としたアルゴリズムが、ヘルプデスクやカスタムサポートで応答するオペレーターたちの会話を制御する。電話をかけてくる人間の相手をするオペレーターは、実際のところソフトのインターフェースでしかない。簡単なケースなら、応答する側はインタラクティブなデジタルシナリオを読み上げるだけでよく、問い合わせてきた問題に関して、目の前のモニターに現れるいくつかのオプションを追っていけばいいだけだ。顧客の返事次第で、また次のオプションが提示され、うまくいけば問題解決となる。

オペレーターの職場の存続に関しては、今のところまだ十分とはいえない、誰にでも適用できる言語認識機能の向上の進度にかかっているといえる。ソフトが安定的に相手の言っていることを正確に認識できるようになれば、ウルフラム・アルファと同じ原理をいわゆる言語会話システムに用いることは技術的に可能だ。そうなると、顧客は直接コンピュータと会話することになる。

多くの規模の大きな企業がすでに着手しているのは、ウェブサイトで提供しているチャットシステムで、顧客がブラウザーを通してコミュニケートできる手段だ。よくありがちな簡単な質問はソフトが処理し、複雑な問題になると初めて人間が応答する。言語認識のレベルがどんどんアップするのは、Siriのように多くの人に使用されるからである。システムが人間とのやりとりを通して学ぶ手法として、何が正しく、あるいは誤って認識されたかが、学習する刺激としてソフトへ送り込まれる仕組みだ。

個人の声や話し方の特徴から顧客を特定し、認識することを、ソフトは驚くべき精度で行なえるようになった。このシステムは、会話の内容と話された言葉の意味を把握するソフトとは異なる。というのも、ある人をその声や話し方から再認識して特定することを目的としているからだ。たいていは、各国の情報機関が電話などの通信傍受の諜報活動をする際に使用されるのと同じシステムが使われている。

国家の安全を脅かす要注意人物の、またはビジネス業界なら顧客の、声の特徴や話し方が記録される。現在使われているシステムの中で最も優れたものなら、五秒話す間に、話し手の特有の共鳴や響きが保存されている音声データと一致するかどうか判断できるそうだ。コンピュータが十分なキャパシティを保有しているため、何十万本もの電話線で同時にこの確認作業ができ、治安保持とテロ対策の名分のもとに利用されている。

優秀なパーソナルアシスタント

コンピュータが人の話している内容を正しく理解する能力は、九五パーセントの正解率を誇る。

ただ、会話に出てきたキーワードをもとに捜査に役立てることは可能だが、電話をしてきた人間の相手をできるレベルには至っていない。おそらく人間側はイライラしてしまい、人間の相手を出せと要求するだろう。でも近い将来、機械はこうしたハードルも乗り越えてしまうだろうと予想される。とくに、どういう情況での会話なのかわかっていれば、質問と答えがある程度限定されるので、容易になるだろう。

コールセンターで受ける典型的な電話では、オペレーターの質問によって問い合わせの内容がそれほど多くない選択肢に絞られていく。列車の乗り換えを案内したり、電話主が困っている技術的問題をあらかじめ診断してからコールセンターの的確な担当者と繋いだり、自動的に正しい回答をしたりする機能はもう数年来実用化している。これだけでも、電話を処理するオペレーターの数を大幅に減らすことができる。

ますますパーソナルアシスタントの性格を強めてきた電話機そのものにも、日常の行動から質問を予想し、答えを出すような方向にソフトの開発が進んでいる。たとえば、カレンダーに旅行の日程が入れば、グーグル・ナウ(Google Now)が役に立ちそうなことを教えてくれる。旅先の天気は？　フライトの遅延は？　空港への道の渋滞は？　その国の通貨の為替レートは？　目的地と関係あるニュース、たとえば大規模なストライキなど起こってないだろうか？　……という具合に、ユーザーのプロフィールに合わせ、役立つ情報を提供しようとするのである。

そのソフトはまた、フライトから逆算して、遅くとも何時に家を出るべきか教えてくれ、時刻が迫ると警告を出し、出張先でビジネス会食の日程が入っていたら、現地のお薦めレストランを教えてくれる。優秀なパーソナルアシスタントそのものである。そのために、グーグルはなるべく多くの整理されたデータ源から、天気予報、渋滞情報、近郊の交通アクセス、レストラン情報を開拓し、キーワードや典型的な構文をもとに、整理されていないデータであるニュース報道からも情報を把握して、計算が可能となるよう仕組みを開発中だ。

アプローチはウルフラム・アルファと非常に似ており、人間が一度やった仕事をもとに、アルゴリズムが世の中を探索できるようになる。つまり、一度人間が手間をかけて準備すれば、その知識はソフトを経て人間が利用できるようになる。その際、アルゴリズムは人間のように知識を得ているわけではない。質問の内容を整理し、回答に必要な最低限のキーワードを拾い出せれば十分なのである。アルゴリズムを構成するのは、データ間のルールや関係性を反映したものであり、そこから結論を計算で導き出せるものだけだからである。

学術研究の現場で

知能の自動化への次のステップに入っているのは、まさに研究室である。従来ならデータ間の関係および相関性の可能性について人がある仮説を立て、やはり人がそれをソフトにインプットし、正しいかどうか検証するために大掛かりな演算を行なう。将来的にはこのプロセスを少なくとも部分的にはソフトが自動的にやってくれるようになる。そのためには、たとえば穀物の価格と収穫期を迎えた地域の天候の推移との関係や、朝の交通状況が夕刻の渋滞とどう関係するのか、ということから導きだされた計算式が、じつは互いによく似通っているとの知見が適用される。

構想としては、メタ・アルゴリズムが体系的に試行を繰り返し、何百というすでにわかっている計算式に、どのデータ同士が同じようなパターンに行き着くかをかたっぱしからあてはめるのである。そのために必要な演算処理能力を持ったコンピュータも最近はべらぼうではない値段で手に入るようになり、計算の規模も数百倍にはねあがった。そして、現場では導入した際にかかった手間と費用に見合う新たな見識を得られているらしい。

この方法を生かし、スタートアップ系のソフト開発企業のなかには、製薬業界では頻繁に直面する厄介な問題に挑戦するところも出てきている。これまでに、大きな治療効果が期待されたわりには結局市販化に至らなかった製薬が数多くあるが、その理由は臨床試験の際に、人によっては重い副作用が出てしまうことが判明したからだ。だが、こうした副作用が出てしまう人たちに、どのような遺伝的、体質的要素が共通しているかわかれば、その薬をテストキットとともに提供し、投薬する前にその患者が服用しても問題ないかを判断できる。あるいは副作用が出る危険のある体質とわかれば、他の治療法を適用することも可能だ。

一般的には簡単なスイッチのように考えられている人間の遺伝子は、実際には非常に複雑なネットワークが組み合わさっており、特定の遺伝子が果たしてその患者で活発なのか、あるいはどのように活発なのかなど、極めて複雑なデータ同士の関係性を把握していなければならず、一筋縄ではいかない。それ相応のアルゴリズムを自動的に試し、変更を加え、成功の糸口を見つけるのがこの相関性を探求する機械の主要目的となる。コンピュータはいってみれば、それまでに人間の脳が主体となって行なってきた学術研究作業を引き受けるようになるといえよう。

このような展開が未来の私たち人間の思考や仕事の仕方に、どのような影響をもたらすか理解するためには、二つの要素を考え合わせなければならない。一つは、アルゴリズムが、いわゆる原料として利用できる処理できるデータ量は、生活のあらゆる分野でのネットワーク化とデジタル化が進むにつれ、飛躍的に増えるということ。もう一つは、演算と記憶のための容量は驚くほど早く低価格化し、手に入れやすくなるということ。

グーグル、フェイスブック(Facebook)、アマゾンなどは何百万台もの安価なプロセッサーを並行で駆使し、ソフトが分散して各コンピュータで機能するように設計してあるので、これをすべて稼働させるために必要なエネルギーの限界だけが処理能力の限界を決めるファクターになる、ということだ。この両面を考え合わせると、すべての事柄の因果性、関係性を半自動的に導き出すことが、いつしか定番になるだろうということがわかる。

だからといって研究者、数学者、ソフト開発者が失業するわけではなく、むしろ生産性が飛躍的に上がり、ますますこの方面の開発が加速するだろう。また、こうしたやり方が企業のデータを用いて適用されるようになれば、職場への影響も二次的なかたちで表れるだろう。企業内のプロセスがどのように進み、製品の成功と失敗はどんな要因によって決まるのかを理解し、どんどん膨大になるデータを利用して最適化を進めていけば、管理やマネジメント部門の職場も安泰とはいえなくなる。

ビジネスプロセスにアルゴリズムを使えるように切り替え、すべてのプロセスを完全にデジタル化し、ソフトと高度な演算能力を加えれば、見識までも自動生成されるようになり、これまで最適化と効率化のために雇われていた企業コンサルタントたちも、長期的にみれば、いずれは必要とされなくなるかもしれない。企業がこれまでに高い代金を支払って外部に依頼していた事業分析は、自社で行なえるようになり、それでもなお外部に頼む理由としては、コンサルタントがいれば社員を解雇するときにスケープゴートになってもらえる、ということくらいしかなくなるのではないだろうか。そしてコンサルタント業界がその存在意義を定義し直すほどの創造性も必要性も見出していないことや、依頼そのものが客観的な基準ではなく、人間的なコネで決まることが多いことから、この「不要化」は、近い将来に起こることが予想される。

中期的、あるいは長期的にどのような頭脳労働を行なう職場が安泰であるかは、簡単に予想できることではない。ただ確かにいえるのは、ソフト分野における開発、デザイン、設計およびそのコーディネートやマネジメントの仕事は、人工知能が埋め込まれたソフトツールの恩恵をますます受けるようにはなるものの、アルゴリズムによって完全に代替されるまでにはいかないだろう、ということだ。

管理、ロジスティクス、計画に関わる業務は、中期的にますます必要とされる人員が減っていくだろう。真にクリエイティブな職業、つまり機械ではなく人間だからこそ創り出せるもので、それを享受するのもまた人間であるような仕事の場合、クリエイター自身はよりよい思考ツールの恩恵を得るだろうが、仕事自体はまだ当面人間の手にあるだろう。

デジタル業界の「真の勝ち組」

非肉体労働の分野で、機械が人に取って代わることにおいて見落とされがちな重要な点は、この切り替えがかなりの速さで進む、ということだ。パソコンの前に座っていた人間を、ソフトプログラムで置き換えることとは、ロボット購入や自動化技術の導入とは違い、大した投資も要らずにできてしまうからである。いまマイナーリーグのゲームの記事を書いているスポーツ記者も、契約上の解雇通知の条件によっては、あっという間にソフトと入れ替えられてしまうかもしれない。舞台裏ではすでにソフトが制御し、基本的に人間は互換性のあるインターフェースとしての機能しか果たしていない。たとえばコールセンターのような多くの職場でも同様のことがいえる。

だが自動化の波は、新たに仕事を創出もする。まずは非肉体労働の分野で、それも、誰も予想していなかったような業界であったりする。たとえばコンピュータゲーム。ただ問題は、オンラインのロールプレイングゲームなどのゲームマスターやサポートスタッフの賃金は総じて低く、今のところ若年層にしか向いていないといえる。もちろん、将来的には、いまの若者たち、すなわち「デジタル・ネイティブ」世代が中高年になっても仕事を続け、状況を変えている可能性もあるだろう。

ほかにも多くの「デジタル業界系」としてもてはやされる職には、ソーシャルメディアコンサルタント、デジタルエージェンシーからウェブデザイナーに至るまでいろいろ挙げられるが、いずれも見かけばかり華やかな様相を呈している。というのも往々にして期限付きの雇用関係、多大な自己犠牲を強いられる仕事内容、さらに不安定な収入状況で、プロジェクトからプロジェクトへと渡り歩き、その合間は社会保障に頼らざるを得ないなど、とてもバラ色とはいえない。デジタル時代の幕開けに、新しい領域が脚光を浴びると、企業や政党やメディアの無知や無理解から需要が一気に拡大し、その甘い蜜を吸おうと便乗すべく、関連のアドバイザーやサービス業者が爆発的に増える。

少しの間、こうした新しい職はバラ色に見える。先取りした知識、自己マーケティングに加え、多少賢く立ち回れば、十分に稼ぐことができ、メインストリームの先を行くポジションをキープし、さらに事業を拡大することも可能だろう。だがそれもうまくいくのはほんの短い間で、やがてほかの多くの人が同じことに参入してくる。それに、技術革新が日進月歩で進むにつれ、かつては高く評価された知識や技術が急激に価値を失ったりもする。

初めの頃こそは、ウェブサーバーを設置し、ウェブサイトをデザインするのは専門家に頼む仕事で、報酬も比較的よかったが、いまではスタンダード化したホームページ作成ソフトで作ったウェブサイトや、実習生が数クリックでこしらえたフェイスブック上のページでも十分こと足りるようになった。いくつかのデザインパターンの中から選ぶのは建売住宅みたいなものだが、ある程度プロフェッショナルな見栄えがするし、なんといってもコストを大幅に節約できるので、これで満足する経営者は多い。ここでも需要の低下を招いてウェブデザイナーたちを心配させるのは技術の進歩というよりは、それ以外の要素だった、ということになる。周りが同じようなデザインで満足するなら、自社もそれでいい、という判断に経営者が傾くのは当然のことだろう。

だが真の勝ち組はまたしてもソフト開発者であり、彼らなしでは先へ進めない。もちろん、プログラム言語の流行り、技術的な環境の変化、ソフトライブラリーやツールそして最新のプロジェクトマネジメントスタイルなどのトレンドに合わせて、何年かおきにそれを導入する作業の際にはしばらくまたコンサルタントたちも需要アップの恩恵に与ることになるだろう。だが仕事の核は大部分が変わらないはずだ。

ソフト開発者はキャリアを積むうちに定評を得るようになり、収入もアップしていく。かつてソフトプログラマーが専門にやっていた仕事を、ロドニー・ブルックスがリシンク・ロボティクスのバクスターで可能にしたのと同じように、現場の製造労働者でもできるようになる。それによって、プログラマーは不要になるどころか、その枠を広げるだけでなく、何度も利用できるライブラリやアプリで仕事が楽になるはずだ。同時に、プログラミングを必要とするシステムがどんどん増えていくため、プログラマーたちは不可欠な存在でありこそすれ、職を失う危惧は抱かなくてよい。機械を操り、制御し、プログラミングし、監視し、メンテナンスする部分は人間の仕事としてますます重要な位置付けとなり、だからこそ人間がそのために必要な知識と能力を身につけることが要求され、またもう片方では、利用者が使いやすいよう、ソフトのインターフェースを簡単にすることも求められるだろう。

人間と機械を隔てるもの

職場によって、機械をコントロールする人間の役割も形骸化する可能性がある。たとえばドローンはますます自律機能を強めているが、その軍事利用では、ソフトが提案する殺生判断について、人間が形式上の最終確認をするだけにすぎなくなる。このように、人と機械が協働する多くのところでは、人間が実行上の名義的責任を負うことになるだろう。つまり、あくまでも人間が機械をコントロールしているのだ、という幻想は維持されるべきであり、自動運転車の例でも最終的な損害賠償義務を負うのは人間である。ただ、そのように責任の重さが報酬にも反映されるのか、など不透明な部分は多い。数億ユーロもの価値がある化学反応器の制御室にいるオペレーターでもやはり給料は人並みだ。本質的なリスクの責任は彼を雇っている企業に帰属し、企業はそれに応じた保険に加入しているだろうが、重大事故が起こった際には原発の場合のように一般社会に負担がかかることもある。

もちろん「アルゴリズム」そのものには(まだ)意思がなく、私たちが機械を擬人化して、個性、目標や計画を有していると思い込んでいても、結局はそのソフトやアルゴリズムを開発した人間の定めた基準が反映されているだけである。どんな技術でも中立的なツールではあり得ず、それぞれ特徴とクセがあり、多かれ少なかれ問題を抱えている。だが同時にそれを設計し、適用し、影響を及ぼしているのは、結局のところ自分たちの目的、目標や理想を設定する人間であることを忘れてはならない。

テクノロジーは次々と、挑戦を仕掛けてくるかのように複雑化し、いくつもの表情を見せる。たとえば株式市場の高頻度自動取引システムのように完全に自動的に機能するソフトなどは、端から見れば、意思のある存在が行なっている操作となんら区別がつかない。精巧なエージェントシステムについてユーザーは、その中身がどのように機能しているのか、御者が自分の走らせている馬のことを知るほどには知らず、もともとは人間がプログラミングし、目的、課題や枠組みパラメータを設定したものだということが、どんどんわかりにくくなってしまう。

御者が自分の馬の行動に責任を持つように、証券ディーラーも、たとえそのトレードシステムの仕組みを理解せず、時折方向性を変えるために手綱をひくことくらいしかしていなくても、取引の責任を負う。アルゴリズムで算出された結果は、それがトレードシステムであろうと自動車であろうと、その所有者の責任だ。それが公平で正しいかどうか、技術的レベルが一定以上の複雑さを持った場合、人間が負う責任を縮小すべきか、あるいは完全になくし、代わりに「電子的個人」に責任の所在を定義すべきか、という問題は極めて厄介であり、倫理的問題以外にも多くの影響や副作用を――株式投資のギャンブル性も含め――伴う。

知能の自動化、頭脳労働の機械化は常に、「人間とは何か」という問いを突きつけ、人間と機械との違いを際立たせる。いまのところまだ、私たち人間を模倣した本物の人工知能は生み出していない。だが、自分たちの思考、記憶や予測の小さな一部分をソフトやアルゴリズムに落とし込むことは上手くなったといえよう。

そして、このわずかな領域において、機械はあっという間に私たちを凌駕してしまった。疲れも空腹も知らずに働き続け、人間よりもはるかに大きなデータ量をはるかに速いスピードで処理できてしまう。だがその代わりに不具合を起こしたり、電子的な攻撃を受けてダウンしたりする脆弱さもある。そしてこれからますます社会的、経済的格差を生み出すツールとなるかもしれないのである。

エピローグ

確実に進む代替プロセス

パン工場、研究所やメーカーなど、機械化を進めることで労働の未来のありかたを模索している様々な現場を紹介してきたが、これが今後、実際にどのような発展をたどるか、具体的に細かな予想を立てることは難しい。そもそも、未来を予測しようとすることは常に賭けみたいなものだ。だが、労働する人々に関するある傾向が浮き彫りになったといえよう。とくに製造分野においては、肉体労働だろうと、頭脳労働だろうと、その労働に関わる人の数は明らかに減少している、ということである。

そして、そうした変化が私たちの社会や暮らしに影響を及ぼさずにはいないだろうということも確かだ。ロボットや機械によって肉体労働が代行され、人間は設計や指令の役割のみを担い、多くの頭脳労働がアルゴリズムに取って代わられることにより、必然的に私たちの社会保障システムの構造や、経済と社会の力関係に大きな変化を引き起こすことだろう。実際に、多少時代遅れの感さえあるいくつかのキーワードのもとに公的に繰り広げられている議論と、研究分野や製造業界の現場で目の当たりにする革新ぶりとを比べると、押し寄せつつある技術変革の波が否応なく、私たちが目指すべき社会のありかた、社会的公平、富の分配などについて根本から考えさせ、大きな転換に備えるべきだと痛感させられる。

自動化が進むにつれてもたらされる影響、アルゴリズムを用いた合理化のあらゆる生活や労働分野への浸透は、各分野の技術レベルの進度、構造、労働形態によってばらつきがある。だが共通していえることは、とくに専門の能力を必要とせず、仕事の結果を測定、分析および数値化しやすい職は、直接的に機械との競争にさらされる、ということだ。

例として自動車の組み立て作業が挙げられるが、いまでも多くを人の手に頼っているのは、自動機械の技術レベルが人間の手先の器用さや柔軟性に達していなかったり、低めの賃金で人に働かせたほうがまだ安くつくからである。

最低賃金制という「諸刃の剣」

現在、盛んに議論されている最低賃金制の導入は、自動化やロボット化の観点から見たとき、二つの側面で示唆的だ。

一つ目は、最低賃金の導入は人間らしい暮らしを実現するためには不可欠である、ということ。働いて賃金を得ていても、多くの人がそれだけでは生活が成り立たない現状は、人間が機械との競争において脱落し始めている何よりもの兆候だといえる。それは単に、特定の職が実際に自動化されたからとか、国外ならもっと低い賃金で雇えるから、というだけではない。

もっと根本的な問題は、同じ程度の能力と教育を受けた人間が就くことのできる職場がすでに大幅に自動化されてしまったため、そのような仕事を求める労働市場での競争が激化した結果、生活できないほどの低賃金でも十分に労働力が集まる、という状況になってしまったことである。職業訓練を積んでいなかったり学歴の低い層での失業率の高さは、ドイツで二〇パーセントを超えているが、その種の労働力が溢れだしたことを如実に示しているといえよう。

類似する古典的な例としては、トラックが馬車に取って代わった過去が挙げられる。もちろん運送料金をトラックと同じレベルに下げれば、ヒトとモノを相変わらず馬で運び続けることもできただろう。だが、もはやそれでは馬の餌代《えさ》、御者の生活費を払えるだけの収益が得られなかったのである。この職業を社会保障制度によって維持しても、早い段階で破綻することは目に見えていただろう。

二つ目の側面は、誰もがあまり認めたがらない論拠ではあるが、最低賃金制が適用されると、企業側にとっては自動化に着手する経済的なインセンティブが明らかに上がる、ということである。自動化の推進派は、あまり大きな声では言えないが、としながらも実はこうした効果を期待して、最低賃金制度の導入に大賛成である。これまで見てきたように、技術がまだ低賃金労働をすべて代替できるほどのレベルに達していないにせよ、人間による労働ならコストが最低いくらかかるか、と具体的に決まった額を設定できるのは自動化推進派にとっては大いに助かるのである。というのも、計算上の目標として、人間の労働者を機械に置き換えるとしたら、一人分あたり最高いくらまでの金額をかけると採算がとれるのか、という枠組みができ、技術を開発するほうにとっても取り組みやすくなるからだ。また、低賃金労働者を多く雇う業界では、自動設備の見積書は、人の労働力を代替するためというよりは、むしろ賃金を低く抑え続けるための材料として利用されることが多い。あるいは、近頃は減少傾向にあるものの、生産拠点を海外に移さない代わりに、賃金を下げる口実にされてしまうのである。

近年、企業にとって、多くの労働力を必要とする生産の拠点を東欧やアジアへ移すことの魅力は落ちる一方だ。その理由の一つは、何年たってもよく見られる、他国での生産がもたらす諸問題を――原材料や中間製品の品質、信頼性、長い輸送距離、それに模造品によるイメージの低下など――克服できていないからである。もう一つは、東欧でもアジアでも賃金が上昇傾向にあり、遅かれ早かれ、わざわざ海外で生産するメリットが失われるからである。

海外に拠点を置く理由の大部分は、現地の市場への近さと、ブラジルなどの巨大な新興国の長期的な、そして比較的功を奏しているといえる保護貿易政策への適応である。輸入品にかけられる高い関税と、規模が大きく参入するのに魅力的な市場を考え合わせると、必然的に自動車メーカーなどは現地に工場を建設することになる。

このような制約と、生産拠点のグローバル化志向からの部分的回帰による影響はまだはっきりと現れているわけでもないが、その方向性は明確だ。新しく工場を建設する場合、ドイツ企業のつける優先順位は、自国ドイツ内、ドイツに近い東欧、あるいは将来的に製品を販売する予定市場の現地、という順になる。ドイツは幸い、米国や英国ほど徹底した規模では自国内の産業基盤を海外に移してしまっておらず、空洞化が進んでいない。でもだからといって、学歴の高くない人々向けの新しく長期的な雇用口が大量に確保できるわけではない。新しく建設される製造工場や設備は、極力自動化されてしまっているからだ。

産業界と高等教育

こうした変化に対する行政の答えは、構造改革によって教育制度を改善し、これからの経済であまり需要が見込めない教育レベルの人材の割合を減らすことだという。だが現在実践されている制度は、本来必要とされる人材の育成とはむしろ逆方向に向かっているのではないだろうか。なにごとも幅広く学べるような、充実した教育によって個人の優れた才能をのばし、その創造力豊かな思考、自由な発想、専門以外の分野の見識も柔軟に取り入れる姿勢が世の中の進歩をもたらすと期待しているわりには、結局のところ、一般的な、平均的教育レベルを底上げしようとしているだけなのである。

その結果、機械オペレーターやメンテナンス技師、あるいは進行中のプロジェクトのために研修を受ければある程度の能力を満たしてとりあえず短期間は役に立つような人材ばかりが溢れることになってしまう。かつて世界中で高く評価され、多くの並外れた人材を輩出していたドイツの大学ディプローム学位コース〔ドイツの大学における理系学部の伝統的学位。主に技術・エンジニア分野で高いステータスを誇った。現在は欧州内での学位認定共通化を目指すボローニャ・プロセスのため、バチェラーやマスターへの切り替えが進んでいる〕の手堅い、各領域にまたがる教育の代わりに、今は「そこそこ」程度の職業教育を受けた人材と、平均的で中途半端な学士の群れが量産されるようになっており、それではここ数十年来人材不足に悩む産業界の受け皿を満たすとはいえない。

そしてますます多くの知能エネルギーが、あまり生産性があるとはいえない、人類の進歩にあまり貢献しない分野の――マーケティングエキスパート、オンライン広告業界、警告書専門弁護士など――人材育成に流れてしまっている。それに伴い、これから社会が大きな変革を迎えるからこそ、文系・社会科学系分野の見識と大局的な視点を必要とするにもかかわらず、よりによってこの学問分野がないがしろにされる傾向にある。ソフトウェア開発者やエンジニアたちが自ら手掛けていることや設計の仕様を決める際に、それが内包する影響を理解し、認識するためには、これから訪れる変革の倫理的、社会的課題や問題点を一層明確にすることが大切だ。利害関係がない、中立的な視点から全容を見渡し、研究する分野を維持していくことは必要最低限のことではないだろうか。

自然科学、技術、機械工学系のいわゆる手堅いとされる理系教科を取り巻く状況も嘆かわしい。研究者が本業である研究に費やす時間は減る一方だ。というのも、学生の指導と並行して、公的機関や民間企業といった外部の第三者から支援や助成金を得るための重圧が常にかかり、念入りな申請書や報告書などの作成に追われる羽目になっているからである。数年前からは大学や高等教育機関における研究費の獲得に関しても、若手研究者たちの研究はすべてそのような決まったプロジェクトの枠内でないといけないという制約があるため、研究そのもののためにじっくり考えたり、新しい手法やアプローチを編み出したりなど創造性を生かす余裕がなくなってしまったのである。

製造業界、研究機関や大学の最前線の様子を見てきたとおり、すでにその兆候は現れているといえる。自動化やロボット化に関する技術と研究レベルは、民間企業の研究開発部のほうが大学の研究機関と比べて何年も先を進んでいる。民間企業支援による大学の研究プロジェクトは、結局のところ企業の研究開発のアウトソーシングであるため、自由に学術的知見を掘り下げるのではなく、必然的にその企業が求める開発目的に限定される。未来に向け、数年後の技術革新の基盤作りとなるような、本来の基礎研究がこうして衰退していってしまうのである。

優秀で才能のある研究者たちが、始終研究助成金の争奪戦に明け暮れ、期限付きポストで報酬も満足ではないドイツの大学での研究職に魅力を感じるはずがない。その結果、優れた研究者たちは産業界へと流れ、かつてなら学会で発表され、誰もがその研究成果の恩恵に与ることのできたような大半の知識やノウハウが、いまや一企業の手に留まるようになった。つまり、優秀な頭脳の獲得競争に大学の研究機関は敗れてしまい、数少ない公的研究機関のみがグーグルをはじめとする民間企業の支える研究所とかろうじて太刀打ちできている有様だ。

二〇世紀にはあれほど真に画期的な発明や発見が相次いだのに、ここ数十年は目立った成果をあげられないのも無理はない。それを成し遂げるための人材が受ける教育の幅が偏狭になってしまったからだ。口の悪い者にいわせれば「専門バカ」ばかりが育成され、彼らは二〇世紀前半の発見や発明を漸増的に発展させることに手一杯だという。そして、その少なくない割合がまったく非生産的な、だが知的には適度な刺激を与えられる株式投資ギャンブルの世界に流れてしまった。

かつて、米国の超伝導超大型加速器プロジェクト(Superconducting Super Collider, SSC)の打切りにより、多くの優れた物理学者や数学者たちがクオンツ〔数理分析専門家〕としてウォール街へと転職したことが一因となって、後の金融危機があれほど広範な規模で深いダメージを与えたと指摘されている。

金融危機の後、株式投資が控えめになったからといってかつての高給取りがふたたび研究者として大学の研究機関に戻ったわけではない。彼らはより魅力的な職場を求め、グーグルなどのビッグデータ系企業に渡り、数学的、統計学的およびアルゴリズムを作成する才能を活かせる職についたのである。

自動化、デジタル化された産業界を見ると、副産物的に生成される膨大なデータ量をますます精緻に迅速に解析することで、効率性や生産性を向上させ、最速で最大の利益を得ようとしていることがわかる。それによって新たに生まれる職は数少なく、たとえばソフト開発者やアルゴリズム考案者として働く場合には、専門知識と専門教育、そして飛び抜けた才能を持っていなければならない。自動化によって不要になるのは低賃金労働の職ではなく、企業における事業運営、計画・立案、実務、報告書作成や管理部門の仕事である。この傾向は、いかに現在の教育政策が現実とかけ離れているかを示している。というのはまさに、教育はこうした一般的な職のための人材育成をしているからである。

逆方向への教育改革

才能、豊かな発想としっかりした基礎教育は、とりわけソフト開発というイノベーションにおいてますます不可欠になってきた。プログラマーの生産性は人によってピンキリで、レベルに大きな隔たりがある。優秀なプログラマーなら質的にも量的にも平均レベルの一〇倍をこなし、ずば抜けた能力の持ち主なら一〇〇倍も可能だ。

肉体労働、あるいは管理・組織能力、その他の頭脳労働では、その個人差が二倍から五倍程度であることから、職の機会の公平が保たれているとされているが、プログラムやアルゴリズム開発の能力には大きな差があるという。この差は、少なくとも一部分は教育とトレーニングでしか縮められない。それも早く始めれば始めるほど功を奏する可能性は高い。

それにもかかわらず、ドイツの教育改革はこれを念頭に入れるどころか、まったく逆方向に進んでいる。学校での算数や数学の授業は、迅速に新しい時代の必要性に適応したものとなるべきだった。コンピュータを算数の授業に取り入れ、ふさわしい学習ソフトなどを通じて、児童が早い段階からものごとの複雑な相関性やアルゴリズムを考えることに慣れ、その才能を伸ばす方向へと、従来の教育システムを発展させるべきだろう。

だが、ドイツのいくつかの州政府では学校での情報技術（IT）授業を制限する動き、あるいは現在の広く普及しているマイクロソフトのOfficeプログラムを使える学習で十分とする声などがあり、認識錯誤も甚だしい。幅広い教育の基盤づくりとしての学校教育制度は、その広く浅い知識に終始する教育法が多くの分野ですでに様々な弊害をもたらしている。そして、中途半端なスペリング学習指導でコンピュータによる文書作成の修正機能に潜在的に頼るという、即席の方式を実践したために学校を出ても驚くほど大きな割合の人が母国語さえ満足にできないという事態を招いてしまった。数学的、自然科学的才能を早期に見つけて伸ばせば、結果的には自国経済の未来がその恩恵を受けるにもかかわらず、ただでさえ往々にして負荷がかかりすぎている現場の教師の個人的な取り組みに任されているのが現状だ。

生産現場の将来像

私たちがどのような世界に向かって進んでいるのか、未来に目を向けてみよう。それには、一歩後ろに下り、一〇年、一五年、そして二〇年後はどんな様子か想像してみるといい。本書で紹介してきた職場の多くは消滅してしまうか、あるいは様相がすっかり変わってしまっているだろう。

いちばん変化が小さいのは農作物栽培や畜産業の現場ではないだろうか。ドイツでは農業従事者の中でもこの分野で働く人々の占める割合がそもそも極めて低く、大きな技術革新はすでに実現している。自律型農機を使うことで、さらに大きな面積を耕したり、さらに多数の家畜を飼育したりするかもしれないが、働き方の形態そのものや、必要とする人員はたいして変わらないものと思われる。

だが製粉工場の場合は、昔に比べて実際に製粉工程に関わる人員が大幅に減ったということ以外の面でも、大きく変化している可能性が高い。穀物原料の買い付けから製品の販売にいたる取引プロセスにおいて、ますますネットワーク化とデジタル化が進み、アルゴリズム処理による最適化が発展する余地がある。また、十分なデータベースが整えば、人工知能を駆使したシステムを用いてルーチンワークの大半を代行できるようになるだろう。そして、いまはまだ製粉場の品質検査室で働いている多くの人員の仕事が、やがて自動化された品質分析システムに取って代わられるだろう。実際、そのようなシステムはすでに製粉場で導入され始めている。

コンバインハーベスター、農機、製粉機やロボットを組み立てる労働者の場合、ロボットの同僚が生産ラインに加わり、作業をサポートし、工程の一部を代替し、やがてその職を完全にこなすようになるだろう。メンテナンスと修理の担当者にとってどれほどの変化があるかは予測が難しいが、複雑な作りで修理工のケアを必要とする機械の台数が総合的に増加することは確かだ。

だが研究者たちが目指しており、予言していることとして、限定的人工知能における技術的な躍進により制約がなくなり、人間型のロボットが複雑で無秩序な環境でもポジションや方向を把握できるようになれば、根本的な変化がもたらされるだろう。そうなれば産業施設や製造業の現場で自律型ロボットが配置され、機械の点検などのルーチンワークを自動で行なうようになる。トラブルが発生した時には、人間がロボットにアクセスし、直接、遠隔操作できる。人間の手を必要とするのは、ロボットでは手に負えないような問題が起こったときや新しい機械を設置するときくらいだろう。

倉庫やロジスティクスセンターでは、将来像がすでにある程度見えているといっていいだろう。そこで働く人員はますます減っていくはずだ。人間の仕事といえば、想定外のこと、例外的なこと、そして新しいプロセスやモノの流れを教え込むことくらいだろう。果たして二〇年後にまだトラックの運転席に人が座っているか、それとも車が自律的にアウトバーンを走行しているかどうかは、技術的な進化よりも、むしろ社会的な受容と自律型自動車への損害賠償保険適用の有無にかかっているといえるだろう。長距離ドライバーや配達ドライバーの労働人口が大きいだけに、このテーマに関する議論はおそらく感情的な要素ぬきには展開できないことが予想される。

数年後にどれだけの人が石油精製部門で仕事をしているかも、機械技術や制御技術の進歩だけでなく、人類がどの程度まだ石油に依存しているかによるだろう。気候や環境に害を及ぼさないエネルギーの形態を探り、広範に導入しようとする傾向はますます強まる。というのも、フラッキングなどの石油掘削の技術が進み、さらに冒険的な手法が考案されたとしても、その埋蔵量は着実に減り、価格が大幅に上昇することが見込まれるからだ。化石燃料による気候変動がもたらす負のコストも見落としてはならない。

経済構造と価値観の変化

他方で、新しいエネルギー、輸送、貯蔵法を導入する際には、エネルギー経済全体の構造変化に伴い、少なくとも当面は新たな労働力が必要となるだろう。労働市場の将来を予測するとき、この点が実は大きな不確定要素の一つだ。技術発展の歴史において、経済の構造全体をひっくりかえすような大きな変革を何度も経験してきたように。

だが、そのような変革が起こるかどうか、起こるとしたらいつ起こるかなど、事前に予想することは不可能だ。たとえば新しく発見された低エネルギー核反応では、水素原子とニッケル原子の核融合によってエネルギーを生み出し、その際に放射能や放射性廃棄物を出す危険もないといわれているが、もしそれが立証され、十分に実用的であると判明したら、数年以内に現在の経済構造を根本から覆す可能性もある。実現すれば、これまで取り組んできた省エネ問題よりも、際限なく得られるエネルギーをどのように活用するかのほうに関心はシフトするだろう。淡水化させた海水を用い、砂漠を肥沃な土壌に生まれ変わらせられるだろうか。海底や小惑星帯から鉱石を採掘したり、工場で汚染された土地をふたたび利用したりできるようになるのではないだろうか？　そうした案が恐らくエネルギー効率を上げることよりもはるかに重要性を増すことだろう。

しかし、そのような画期的な技術革新がちょうどいいタイミングに起こり、次の自動化の波に伴って発生する失業者たちの受け皿となることを期待するのは無理がある。ただ、たとえば映写技師がすっかり過去の職業となっても、映画館でデジタル技術を制御するネットワーク技術者の需要が増えていたりするのも事実だ。

職を奪う技術革新と、新たに雇用を増やす技術革新の波が都合のいい順序やタイミングで訪れることは偶然でもない限り望めないため、社会として急な失業の発生に常に備えておかなければならない。

社会保障制度、とくに失業保険はこうした「ずれ」の発生を基盤としてつくられ、技術変革の影響をカバーないし緩和するためにある。だが問題は、ここ二〇年の間にその予算がなし崩し的に低賃金を補助する用途に充てられるようになってしまい、新しい時代に適応する役割を果たさなくなってしまったことだ。まだ日々の糧を稼いでいる人々の収入から、すでに自動化の煽りを受けた人々の不足分を穴埋めする方式は、価値創造の大部分が機械に取って代わられる時勢にあってはあまり意味がない。

加えて、これはとくにドイツで顕著に見られる傾向だが、食べていくためにずっと働きつづける、ということに意義を見出さなくなっている人が増えている。機械が仕事の大半を担い、人間である自分は専門性の高いパートタイムの仕事のみで贅沢さえしなければ十分に食べていけるのなら、もっと子供や家族、あるいは趣味やボランティア活動のために時間を費やしたい、と考えているのだ。

こうした発想の根底にあるのは、成長神話への疑問だ。この先も絶え間なく売上、利益と国民総生産を伸ばし続けることを信条とする経済思想の限界は、株式市場のクラッシュや経済危機に象徴され、その価値観が揺らぎ始めたのも無理はない。また、成長の必要性を疑問視することは、本質的には、現在の経済秩序の公平性への問いかけであるともいえよう。

自動化とアルゴリズムによる最適化が進めば進むほど、資本がますます生産手段を支配するようになり、そのコントロール権が圧倒的な力をもつツールとなる。十分に資本を蓄えた人のところで雇われていない限り、必要とされる機械、データおよび処理能力へのアクセスができないからだ。つまり、知能と手だけでは人が豊かさと経済的安定を築けないような経済構造となってしまった場合、資本主義が前提とする競争社会はもはや成り立たないだろう。利口なプログラマーが余暇に開発したスマートフォンのアプリで巨大な富を手にするといったサクセスストーリーは、皿洗いから億万長者へとのし上がるアメリカンドリームの現代版とみなされているが、そんなひと握りの成功者たちが、人々に希望を与え、日々職場へと向かわせるのである。

しかし、頭脳労働だろうと、肉体労働だろうと、生産や価値創造に関わる人間による労働の割合が下がれば下がるほど、経済における力関係は、究極の生産手段と一体化した資本家たちへシフトする。国家による経済負担と社会的セーフティネットの基盤が変わらない限り、賃金労働者と資本家との間の格差はますます広がっていくだろう。

さらなる格差社会化を防ぐには

現在の税収入が明らかにそれを物語っている。公共サービスは、人々の賃金や給料の所得税、そして付加価値税とそのほかの消費税で大半が賄われている。これは、すべての価値創造の基盤に人間の労働があるとみなす経済観からできたモデルだ。今後は価値創造の原動力が人間であるか機械であるかを見極めた上で、経済成長至上主義をこれ以上前提とせず、べつなシステムへ切り替えることが不可避となるだろう。でないと、現段階でさえ合法的に生じる格差から不公平感が蔓延する状況がさらに悪化しかねない。

だが、その際に「ロボット税」の導入を考えるのは意味がない。というのも、変革をもたらすテクノロジーはあまりにも多様で複雑で、定義しにくいからだ。今後の技術発展がどのような形をとるにせよ、考え方の基準として重要なのは、ごく一部の少数ではなく、多数が恩恵を得るような制度を設けることだ。そのためには、自動化によって職を失った人々が大きな経済的負担を抱えずにすむような、分配の公平性に寄与する新たなアプローチも不可欠であろう。現在の弱肉強食的な思想、つまり、技術革新に伴う労働市場の変化に早くから適応しなかったせいで職を失った本人の自業自得である、と考える風潮も改めるべきだ。

高い柔軟性、流動性と適応性を求められる被雇用者の、実は人間的とはいえない諸条件を、誰もが満たせるわけではない。現行の職業再教育制度とは違い、教育や研修制度を完璧に技術レベルの需要に合わせた内容で実現できるとしても、数年以内に不要になるであろう大量の長距離ドライバーや倉庫作業員を、ロボット訓練士やエネルギー設備のメンテナンス技術師に教育し直すことはとうてい現実味がないといえる。

自動化によって生まれる利益の分配が具体的にどのような形を——盛んに議論されるベーシックインカム（最低生活保障）か、パートタイムの奨励か、失業手当の期間と金額の上乗せか——とるかは、当然ながら政治的な判断に委ねられる。提案として挙がるどのコンセプトも長所と短所があり、それらは導入後、条件やパラメータを慎重に調整していく過程で初めて具体的にわかるものだろう。中間層の経済基盤の崩壊、低賃金層の貧困化、就労していても暮らしを賄えない低賃金の人々への事実上の補助を意味する現行モデルは、これから直面する技術革新の波に備えておらず、破綻するのが目に見えている。

すでに始まっている人口動態の変化、社会の高齢化によってもたらされる様々な課題に、現在の制度では対応しきれなくなっているのは明らかだ。自動化とロボット化はしかしながら、高齢者にも有意義で生産的な仕事ができるようにするなど、数多くの技術上の選択肢を広げる。ただし、若年層の肉体的、頭脳的能力を基準とした報酬設定にした場合、すでに兆しのあるように高齢者の貧困化は避けられないだろう。というのも、リースター年金〔ドイツ政府が二〇〇一年に導入した民間個人年金保険への補助制度〕がどれほど株運用の利益に期待をかけようと、このまま労働力となる若い移民の大規模な受け入れを拒んでいる限り、シニア層に人間らしい晩年の暮らしを保障できないからである。自動化によって得る恩恵の配当を活用せず、人間の労働から年金を拠出しているだけではとても立ちゆかない。

ドイツの労働組合と社会民主党（SPD）が、ライン河地方の資本主義における「バラ色」の時代がふたたび蘇《よみがえ》ることをひそかに願っているのも議論をさらに困難なものにしている。だがおそらくこの二者の協力を得ずしては、自動化とアルゴリズム式の最適化を、効率と利益のみ追求するのではなく、暮らしをより良く、快適で豊かにする継続的なプロセスだとみなせるような社会的構造をつくりあげていけないだろう。

技術革新を肯定する道

機械が単調で肉体的な負担も大きく健康を損なうような、あるいは危険な労働を取って代わることは、これからますますあたりまえになっていくだろう。したがって機械との協働を肯定的に受け止め、人間を解放する有意義なこととして位置づけられるような、経済的、社会的な枠組みを設けるために、私たち自身が目指す社会のありかたについて十分な議論を行なわなければならない。おそらくもっとも難しい点は、「働かざる者、食うべからず」的な、いわばソーシャルダーウィニズム（社会進化論）に基づく思想と既成の価値観を克服し、西欧のヒューマニズムの一面を否定することだろう。というのも、未来の技術発展次第では、もはやすべての人間が働く必要はなくなり、純粋に市場経済だけを前提としていては、個人の才能や能力を各分野で活用し尽せないからだ。

資本主義的で自己中心的な視点はただでさえ、短絡的だ。多くの産業で、現在は当たり前のようにコストの大きな割合を社会が負担している。それは道路、鉄道、電車やバス、電話網、教育や社会福祉施設、公的管理機関や多くの住居といったインフラストラクチャーを含む。これらの費用の大部分は公共、つまり人々の所得と消費にかかる税によって負担されている。また、環境破壊、気候変動、資源の消費が引き起こす潜在的コストも、基本的に私たちみんなが背負っている。分野によっては、完全に公的資金に頼っているものもある。また、様々なシステム同士が複雑につながり、依存しあっていて、その規模は把握できないほどだが、システム自体の脆弱性は確実になんらかのかたちで大きな事故やブラックアウトの事態を招くだろう。そうした際にも社会全体でコストを負担する以外にない。

そして忘れてはならないのは、安定した、信頼できる、そのなかで暮らすに値する環境として社会的平和を整えることがおおきな価値を占めている事実だ。短期的で私有される利益は、資本という生産手段の所有者であることのみがそれを正当化し、遅かれ早かれ社会における経済格差をますます広げ、平和と安全が脅かされる恐れがある。人間の労働をフルに活用するために最適化することを唯一の進むべき道とみなすことは非人間的であるばかりでなく、極めて短絡的だ。

人間にはふさわしくないと感じられる職場や、機械であればより速くうまく処理できる仕事を、これ以上賃金を下げてまで維持する必要がなくなり、人生の様々な状況に応じて、個人の才能や能力を生かした働き方をするという社会像はもはや夢物語ではない。人間の発明精神と行動力のおかげで、自分たちにはやれない、あるいはやりたくない仕事の大半を機械がこなせるようになったのだから。

この発展の実りをどのように分配し、より良い、公平な、暮らしやすい社会づくりを優先できるのか、あるいは今後もますます力とカネが少数の人々の手に集中して蓄えられるのを許容してしまうのか。それが、いまの私たちに課された核心的な問いかけだといえよう。成り行き任せにし、市場がどうにかしておのずと問題に対する答えを見つけてくれるだろうと期待するのは浅はかであり、事態を放置すれば醜悪な反ユートピアへと、不可逆的な道をたどる可能性だってある。

私たちは今こそ正しい決断をし、前向きで将来を見据えた、技術革新を肯定する未来への道を切り拓くべきではないだろうか。それができることこそ、ルールに従い、指示をこなし、パラメータの演算を処理するのみの自律型機械と人間との決定的なちがいなのだから。すなわち、機械との協働を正しい方向へと導く理性を、私たち人間は決して忘れてはならないのである。

現在、ロボットは受け入れられたものの、その性能はまだ十分なレベルには到達していない。二一世紀には、かつての文明で奴隷が担っていた労働がロボットに取って代わられるだろう。二一世紀のうちにそれが叶わない理由は何らなく、それによって人間は、より崇高な目標を目指せるよう解放されるのである。

ニコラ・テスラ（一八五六―一九四三年、電気技師、発明家）

訳者あとがき

様々な労働の現場をめぐる旅はいかがだっただろうか？　干し草や家畜の臭いが漂ってきそうな農場から、絶え間なく動く機械の振動音が響いてきそうなハイテク工場、さらには自動運転車の試乗に至るまでの、かなりよくばりな社会見学ツアー。このツアーの案内人であるドイツ人の著者は、場所を次々と移動するだけではなく、昔↓近代↓現代というタイムマシンの旅へも連れていってくれる。そして、この延長上にある未来像はどうなるだろうか、という問いを投げかけ、今後どのような社会を目指し、その実現のためにはどんな点を配慮すべきか、読者に考察を促す。

重要なのは、デジタル革命がまさに進行中の現代に、ただその流れに翻弄されるのではなく、主体的に正しい方向へと舵取りをすべきだ、という前向きなメッセージだろう。それはドイツが世界に先駆けて打ち出した、産官学一体となって取り組む国家的戦略的プロジェクト「インダストリー4・0」（本書冒頭でも言及）の根底にある発想にもつながる。

さすがに本国での関心の高さを反映してドイツの書店には「インダストリー4・0」の関連本が数多く並ぶが、本書の切り口はユニークであり、等身大であり、ドイツ的だ。主食である「パン」（ドイツは欧州有数のパン大国である）をまずキーワードに掲げ、パンのサプライチェーンとつながる多様な労働現場へと案内してくれるのだから。小麦畑、養鶏場、酪農場。さらには農機メーカー、製粉場や管理倉庫など。畑で栽培される原料の小麦が店頭に並ぶパンになるまでの工程の中で、かつて人間によって行なわれていた労働が時代の流れとともにどのように機械に置き換わっていったか、実例を挙げながら示される。その際、著者はけっして技術的なことばかりに終始するのではなく、つねに大局的な視点を保つことを忘れない。その視点があるからこそ、本書は機械と人間の関係史としてもわかりやすく読め、原著が二〇一三年（ペーパーバック版は二〇一五年）に出されてから日本語版の刊行までやや間があいてしまったものの、「未来の労働社会を見据えるための必読本」（ハンス・ベックラー財団発行"Mitbestimmung"誌）と自国で評価されているように、この先も当分アクチュアルであり続けるだろう。ちなみに、邦訳にあたって著者の承諾を得て四章分（原著七・八・一一・一二章）を割愛したこと、また、プロローグは日本向けに著者が補筆してくださったことも付け加えておきたい。

そもそも、超アナログ人間の私が本書を訳したいと思ったのも、「機械音痴の私が果たして理解できるのだろうか」という恐れをみごとに打ち砕いてくれたからだった。読み進めていくうちにこの「ガイド付き見学ツアー」を通し、ふだんあまり縁がないような生産現場を実際に訪問しているような臨場感を味わえ、先端技術を駆使した機械の描写に驚嘆したり、日常的に消費している製品の生産事情にどきっとしたり、ユーモラスな光景ににやりとしながら、いつのまにかすっかり引き込まれていたのである。また、私自身が長年ドイツに暮らす間にパン事情の変遷を目の当たりにしてきただけに、パン業界でじつは酵素革命が進んでいたことなどを知れば知るほど、多くのことが「そういうことだったのか」と目からウロコが落ちる思いだった。

そして、前半こそは「パン」に関係する労働現場めぐりでいかにもドイツらしいが、後半に入り、訪れる現場がやがて「知能の自動化」と関係する分野へと進んでいくにつれ、どのキーワードをとっても、今やグローバルに当てはまる状況や描写であることに気づかされる。毎日のようにニュースを賑わせている自動運転車や人工知能。同僚ロボットの実用化。ソフトウェアがこなす秘書・銀行・証券取引業務。弁護士の代わりに資料を読み、記者の代わりに記事を書き、オペレーターの代わりに電話応対するアルゴリズム仕掛けのソフト。「静かな代替」によって次々と人工知能が応用・導入されていく分野はどんどん広がっている。それは、デジタル革命の規模の大きさと進む速さを改めて認識させ、このまま成り行き任せではいけない、と警鐘を鳴らす著者の言葉がいっそう重みを増す。

それにしても本書を訳すにあたり、どれだけ多くの動画を検索してじっくり見たことだろう。登場する機械やテクノロジーの仕組みの説明は実に具体的で視覚的に思い浮かべることができたものの、やはり正しく理解するために実際に機能している様子を見て確認するのだが、「ここまでやるとは！」と驚いたのは一度や二度ではなかった。まさに人類の叡智《えいち》が詰まっているとしかいいようのない驚嘆のテクノロジー。それがまったく人の姿のないところで、ひたすら黙々と、まるでだれかに操られているかのごとく作動しているのだから、不気味でさえありながら、つい魅了されて画面に見入りっぱなしだった。

だが、たくさん見た動画のなかでもとくに印象に残ったのは、そうした無人化した生産現場のハイテクぶりではなく、人間が泥臭く悪戦苦闘するシーンだった。ドイツのある酪農場で搾乳ロボットを新規導入することになり、乳牛たちを初めてその機械に慣れさせるときの様子を記録したドキュメンタリー。そもそも購入したばかりの搾乳ロボットを牛舎に設置するだけでも一苦労だったのだが、そこへいよいよ乳牛たちを誘導するとなると、牛たちはいつもと様子が違うことに警戒してなかなかそのゲートの中へ入ろうとしない。だから農家の男たちが数人がかりで額に汗し、掛け声をかけながら、前からは手綱を引き、後ろからは懸命にお尻を押して、牛を一頭ずつ、無理やり搾乳ロボットゾーンの入り口に押し込むのである。あともう少し、というところまできたのに牛が後ずさりして戻ってしまい、人間たちは深いため息をつきながらまた一からやり直すことなどしょっちゅうで、まさに根気との戦いである。その労力たるや、全員の力と粘り強さを結集させたものであり、見ているだけでこっちがぐったりするほどだった。

と同時に、なんだか象徴的な気がしたのである。新しい技術の導入に伴うプロセスは多かれ少なかれ、これに共通するのではないだろうか、と。つまり、進む方向を見定め、成功すると信じ、とてつもない困難が立ちはだかっていようと決して諦めずに力を合わせて成し遂げるしかないのである。

ともあれ、苦労を乗り越えて「革命」をやり遂げたその酪農家は、その日を境に肉体的負担が大きかった搾乳から解放され、もう後戻りすることなど考えられないにちがいない。そして牛たちもすっかり慣れて、好きなタイミングに搾乳してもらえるようになり、きっと満足していることだろう。

本書の原題“Arbeitsfrei”が「労働」と「フリー」を組み合わせた「労働からの解放」を意味するとおり、人類はつねに試行錯誤を繰り返しながら便利さと労力の軽減を追求してきたのだと、翻訳を手がけながらつくづく実感させられた。そして、その追求の成果は機械や道具という形になって、身近な暮らしに良くも悪くも影響を与えてきたということも。その否応なしに押し寄せる技術革新の波を賢く乗り切るために、過去の経験を踏まえ、現状を把握して分析し、未来の展望を見据えて、安全に舵を切るにはどうしたらいいか、示唆に富んだこの本が、日本の読者にとって考えるきっかけとなれば訳者として嬉しく思う。

最後に、本書を紹介してくださり、門外漢の私にも（あるいはだからこそ、だったのかもしれないが）このような翻訳の機会を与えてくださった岩波書店の奈良林愛さん、また翻訳作業を辛抱強く見守り、的確なアドヴァイスや指摘とともに丁寧に原稿チェックをしてくださった担当編集者の堀由貴子さんに心からお礼申し上げたい。翻訳作業も編集作業も、機械が完全に取って代わる時代がそんなに早く訪れないことを祈りつつ。

二〇一八年秋　ベルリンにて

木本　栄

コンスタンツェ・クルツ　Constanze Kurz

1974年東ベルリン生まれ．情報学博士．ドイツ・ベルリンに拠点をおくホワイトハットハッカー集団，「カオス・コンピュータ・クラブ」(Chaos Computer Club)のスポークスマンの一人であり，ネット社会の自由と人権保護をテーマとするニュースブログ・プラットフォームnetzpolitik.orgの編集員を務めるほか，フランクフルターアルゲマイネ紙にコラム「マシンルームから」を連載している．ドイツ連邦議会の「インターネットとデジタル社会」調査委員会の技術専門員を務めるなど，デジタル分野での社会貢献が評価され，2013年にテオドーア・ホイス財団賞を受賞．

フランク・リーガー　Frank Rieger

1971年ブランデンブルク州(旧東ドイツ)生まれ．ドイツのハッカー，コラムニスト，インターネットアクティビスト．通信セキュリティ企業の技術最高責任者(CTO)を務めるほか，「カオス・コンピュータ・クラブ」(Chaos Computer Club)のスポークスマンの一人でもある．データセキュリティ，ナビゲーションサービス，Eリーディングの分野におけるスタートアップ企業共同設立者としても成功している．

写真提供

1〜6章扉：Frank Rieger
7章扉：Getty Images
8章扉：Christian Jungeblodt
9, 10章扉(カバー)：123RF

木本 栄

ロンドン生まれ，ボン大学卒業．訳書に『ちいさなちいさな王様』(那須田淳との共訳)，『魔法の夜』(以上，講談社)，『1000の星のむこうに』，『走れ！ 半ズボン隊』，『ミルクマンという名の馬』(以上，岩波書店)，『新訳 飛ぶ教室』(那須田淳との共訳，角川つばさ文庫)，『ミムス――宮廷道化師』，『14歳，ぼくらの疾走――マイクとチック』(以上，小峰書店)，『ヘルマン・ヘッセ――子ども時代より〈世界名作ショートストーリー〉』(理論社)などがある．ベルリン在住．

無人化と労働の未来――インダストリー4.0の現場を行く

2018年11月7日　第1刷発行

訳 者　木《き》本《もと》 栄《さかえ》

発行者　岡本 厚

発行所　株式会社 岩波書店
〒101-8002 東京都千代田区一ツ橋2-5-5
電話案内 03-5210-4000
http://www.iwanami.co.jp/

印刷・三秀舎　カバー・半七印刷　製本・松岳社

ISBN 978-4-00-002234-7　　Printed in Japan